国際法

柳原正治

(改訂版)国際法('19)
©2019 柳原正治

装丁・ブックデザイン:畑中 猛

まえがき

　本書は，2014年に刊行された『国際法（'14）』の改訂版である。ここ40年ぐらいの期間，国際法は激変の時代を迎えているといってもよいが，初版刊行後の4年間においても国際法にはいろいろな変化がみられた。なによりも大きなものは，既存の国際法そのものに対する「挑戦」とも呼ぶことができるような動きがみられたことである。国際社会における法の支配が，真っ正面から否定されているのではないかとの懸念すら存在している。

　とりわけ，ロシア，中国，アメリカ合衆国といった，世界の主要国のなかにそうした動きがみられるのではないかという点が，深刻である。ウクライナ危機（クリミア編入），南シナ海問題（2016年7月12日の南シナ海比中仲裁判断），「トランプリスク」（2018年4月のシリア空爆，安全保障を理由とする輸入制限など）などである。

　こうした状況のなかで，この改訂版において目指したことは，初版の場合と同一である。19世紀後半にヨーロッパにおいて確立した伝統的国際法が，現在においてもそのままのかたちで維持できるのであろうか。「国際法」とはまったく異なる「法」が必要なのであろうか。そうした「法」は，どのようにしたら作り出すことができるのであろうか。こうした根源的な問いに対して，国際法の歴史的変遷を踏まえたうえで，現段階における国際法についての基礎的な知識を提供し，「あるべき法」とは何かを問い直すことである。

　本改訂においては，印刷教材は全面的に見直し，必要な最新情報を盛り込むこととした。全体の量は1割程度増えている。

　国際法を学ぶにあたっての留意点は第2章第3節に記してあるので，

その箇所を読んでもらいたい。

　各章の末尾に掲載した「学習課題」は，本文を読めば答えることのできる課題と，本書以外の文献を参考としないと答えることのできない課題とがある。かなり高度な内容のものもあるが，後者の課題にもぜひ挑戦してもらいたい。

　なお，条約の締約国数は，基本的には2018年6月現在のものである。

　深町朋子さんと西嶋美智子さんには，今回も本書の草稿をじつに丁寧に読んでいただき，貴重なコメントを与えていただいた。心からお礼を申し上げる。

2018年 10月

柳原正治

目次

まえがき　3

1　近代国際法の成立　9
1. さまざまな「国際法」の存在　9
2. 近代ヨーロッパ国際法の成立　13
3. 近代ヨーロッパ国際法の適用範囲の普遍化　17

2　現代国際法の諸特徴　23
1. 国際社会の特質　23
2. 国際法規範の特質　28
3. 国際法の学び方　32

3　国際法の形成と適用と解釈　37
1. 国際法の形成——国際法の法源　37
2. 国際法の適用　45
3. 国際法の解釈　48

4　国際法と国内法の関係　51
1. 歴史的論争　51
2. 国際法秩序における国内法　54
3. 国内法秩序における国際法　55

5 国際法の主体―国家と非国家主体― 64
1. 国際法上の国家　64
2. 国家承認　67
3. 国家承継　72
4. 非国家主体　73

6 国家の基本的権利義務と国家管轄権 78
1. 国家の基本的権利義務　78
2. 国家管轄権　84
3. 国家免除　89

7 国家の国際責任 92
1. 国家の国際責任の意味　92
2. 国家責任の発生要件　96
3. 国際違法行為の効果　102

8 国家領域 105
1. 領域と領域主権　105
2. 領域権原　107
3. 領域紛争の解決　112

9 海洋およびその他の地域・空間 119
1. 海洋に関する国際法の発展　119
2. 海洋の法制度　121
3. 海洋の境界画定　129
4. 空・宇宙空間　130
5. 極地　133

10 国際法における個人 135

1. 国籍　135
2. 外国人の法的地位　137
3. 犯罪人引渡・難民の保護　139
4. 個人の国際犯罪　144

11 人権の国際的保障 148

1. 人権の保障　148
2. 人権概念　151
3. 人権条約　153
4. 履行確保　157

12 国際経済活動と国際環境保護に関する国際法 162

1. 国際経済活動に関する国際法の発展　162
2. 貿易　163
3. 国際投資　167
4. 通貨・金融　169
5. 環境の保護・保全に関する国際法の発展　170
6. 環境の保護・保全のための基本原則　173
7. 環境損害の救済　175

13 国際紛争の解決 178

1. 国際社会における国際紛争解決　178
2. 非裁判的手続　180
3. 裁判的手続　181
4. 国際司法裁判所　184
5. 国際組織による紛争解決　190

14 | 武力行使の規制と国際安全保障　192
　　1．戦争・武力行使の規制の歴史　192
　　2．武力不行使原則　195
　　3．集団安全保障　200
　　4．国連平和維持活動（PKO）　203

15 | 武力紛争法　207
　　1．戦時国際法と武力紛争法　207
　　2．戦闘の手段と方法の規制　210
　　3．武力紛争犠牲者の保護　214
　　4．武力紛争法の履行確保　217
　　5．中立概念　219

索　引　222

1 近代国際法の成立

≪学習のポイント≫ 現在の国際社会に妥当する国際法は、19世紀中葉にヨーロッパにおいて完成した近代国際法（伝統的国際法）が発展し、19世紀後半以降全世界に広がっていったものである。時代や地域を異にすれば、これとは異なるかたちでの、広い意味での「国際法」が存在していた。
≪キーワード≫ 禿鷹の碑、礼、スィヤル、華夷秩序、近代国際法

1. さまざまな「国際法」の存在

　20世紀初頭に出版されたオッペンハイム（1908年からケンブリッジ大学教授）の『国際法』は、近代国際法（伝統的国際法）を集大成した、もっとも標準的な教科書とみなされる。同書のなかで、国際法は以下のように定義されている。「国際法は、文明国相互間の関係において法的拘束力があるとみなされる、一群の慣習法規や条約法規に対する名称である」[1]。ほぼ同じ定義は、1928年に出版されたブライアリー（オックスフォード大学教授）の教科書においてもみられる。

　これらの定義には、「法規」、「文明国」、そして「法的拘束力」という、3つの重要な概念が含まれている。ところが、これらの概念はいずれも、近代ヨーロッパにおいてはじめて、明確な内容をともなって生み出された。道徳規範や宗教規範などと明確に区別された、強制的命令としての法規範（＝法的拘束力をもつ社会規範〔この概念については2章参照〕）という概念は、近代ヨーロッパにおいてはじめて生まれた。ま

---

1) Lassa Oppenheim, *International Law: A Treatise* (vol 1 Longmans New York/Bombay 1905) p. 3.

た，近代国家としての「文明国」という概念もそれ以前の時代・地域にはみられなかったものである（詳しくは5章参照）。

　これらの概念を用いて「国際法」を定義すれば，当然のことながら，そうした「国際法」は近代ヨーロッパではじめて生まれたことになる。しかし，「法」とか「国家」という概念を近代法や近代国家に限定せず，もっと広い内容をもつととらえれば，近代国際法とは異なるかたちでの，広い意味での「国際法」が存在していたといえることになる。本章では，その例として，古代オリエントの「禿鷹の碑」，古代中国の「礼」，イスラーム世界の「スィヤル」について紹介することにしたい。

（1）禿鷹の碑

　シュメール初期王朝時代に繁栄した都市国家ラガシュの王エアンナトゥム（紀元前25世紀頃の在位）が，隣接する都市国家ウンマとの戦いに勝利したことを記念して，両国間の境界に建立されたと推定されている碑が，禿鷹の碑である。19世紀後半，テッロー遺跡（現在イラク国内）で発掘された6つの破片と，由来がかならずしも明らかではない1つの破片を組み合わせて後世作り上げられた碑であり，欠損部分が半分程度に及ぶ。敵兵の死骸をついばむ禿鷹の姿が彫られていることから「禿鷹の碑」と呼ばれる（現在ルーヴル美術館所蔵）。

　「わたくしは土手や壕をけっして変えるようなことはしないし，そこにある，もろもろの碑を引き抜くことはけっしてしない。もし越境すれば，わたくしが誓約したエンリル［＝あらゆる異なる地の王にして，もろもろの神々の父］の大きな投げ網が天からウンマに落ちてきますように」とシュメール語で記された箇所を，両都市国家間の国境画定をめぐる記述ととらえ，世界最古の条約とみなされることがある。

　その一方で，国家の相互関係の不安定性，平等意識の欠如，さらに

は，エンリルの投げ網という神罰のみに依拠しており，法的制裁が欠如している点などを理由として，国際秩序の存在そのものを否定する見解もある。

　この点はまさに，国際法の定義をどのようにするかということに大きく依存している。前記のように広くとらえるとすれば，世界最古であるかはともあれ，広い意味での「国際法」とみなすことができることになる。

(2) 礼

　紀元前770年から403年までの中国の春秋時代には，晋，斉，楚，呉，越をはじめ，多くの諸侯（初期には約180，末期には約20）が割拠していた。これらの諸侯はすくなくとも理念的には同格とみなされ，そこには，「礼」に基づく国際秩序が存在していたといわれる。礼は，社会秩序維持のための規範であり，日常生活全般にわたるものである。この礼に基づき諸侯相互間の規律もなされていた。

　『論語』や『春秋左氏伝』などには，こうした礼の実例がいくつも記されている。諸侯がその相互関係において守るべき規律，つまり礼を守っているときには，「礼なり」と記され，そうでないときには「礼に非ざるなり」と記されている。礼の実例としては，諸侯の不可侵は保障されていないこと，理由を付すことなく小国の併合が可能であること，諸侯間の結合は礼をもってすれば十分であり人質による保障は無用であること，諸侯間の使節は不可侵であり殺害してはならないこと，などがある。

　こうした礼と近い概念が古代インド——とくに，紀元前6世紀の16王国の時代，および，紀元前4世紀からのマウリヤ朝の時代——にみられた「ダルマ」である。ダルマは，宗教，倫理，法律，慣習，正義など多

様な意味をもつ概念であり，さまざまな政治体（広い意味での「国家」）間も規律していた。

（3）スィヤル

　8世紀から9世紀にかけてイスラーム世界には4つの法学派が成立した。そのうちの1つであるハナフィー派に属するアル・シャイバーニー（749／750～805）は，イスラームの地域と戦争の地域（＝異教徒が支配する非イスラーム世界）との間の関係を規律する法としてのスィヤルについて，はじめて体系的に述べた学者であるといわれる。かれによれば，イスラームの地域と戦争の地域はつねに戦争状態にあり（ジハードが常態），その間の条約はあくまでも暫定的であるとみなされた。

　他の法学派の1つ，シャフィイ派は，規約の地域とか平和の地域といった，つねに戦争状態にあるとはみなされない，地域の存在を認めていた。当時にあっても，非イスラーム世界との条約関係や平和関係は現に存在したのであり，アル・シャイバーニーのように，ジハードを常態とみなす考えが，当時の現実や慣行とどれだけ一致していたかには大きな疑問が残る。

　さらに，11世紀中葉にセルジューク朝の進出により，イスラーム世界を支配していたアッバース朝の衰退が決定的となって以後は，イスラーム世界のなかに複数の政治勢力が存在することになり，従来のスィヤルによっては説明できないことが一層明白となった。こうしたなかで，イスラーム世界と長期間の条約関係に入ることのできる，第2のカテゴリーの非イスラーム世界を認める考え，イスラーム世界内の異端者に対してもジハードを認める考えなどが唱えられるようになっていった。さらには，キリスト者を傭兵として認める見解さえも主張されるようになっていった。

2. 近代ヨーロッパ国際法の成立

(1) 近代国際法と諸国家体系

　近代国際法は，主権国家概念，近代的法概念，勢力均衡概念を基礎とする諸国家体系の考えなどを前提としている国際法である。主権概念も（近代的）国家概念も（近代的）法概念もすべて，近代ヨーロッパで生み出された概念である。古代ギリシアや古代ローマにも，中世ヨーロッパにもそうした概念は存在しなかった。

　諸国家体系とは，1つの結合体を形成しているかのように，ある種の絆により相互に結びつけられてはいるが，それぞれの構成体（＝国家）はそれぞれ主権を維持しており，諸国家間には勢力均衡が実現しているような国家群を指す。これらの国家の関係を規律する法が，国際法である。別のいい方をすれば，こうした一定の数の国家群が存在しなければ，国際法の存在そのものも想定できないということになる。国家群の存在と国際法の存在は表裏一体なのである。

　こうした意味での諸国家体系は，15世紀末から16世紀はじめのヨーロッパにすでにみられる。その中心となったのは，スペイン，フランス，イングランドなどの諸国である。もっとも，完全な意味での諸国家体系の成立に必要な，主権国家・勢力均衡・常駐使節制度などはいまだ十分成熟していなかった。また，その範囲も西ヨーロッパに限定されていた。

　近代諸国家体系の発展を反映し，国際法史上の1つの画期となったとみなされるのが，1648年のウェストファリア条約である。もっとも，同条約の当事者は国家に限定されておらず，神聖ローマ帝国の選帝侯（君主に対する選挙権を有した諸侯）や諸侯や諸身分も含められている。また，なによりも勢力均衡概念は明確に示されていない。近代国際法および近代諸国家体系の理念は，勢力均衡概念が明記された1713～14年のユ

トレヒト条約以降の，数多くの条約を通じて次第に成熟していったととらえられる。

　ヨーロッパ諸国家体系は，当初フランス，続いてイングランドの優位の下に，その範囲を，ロシアを含む東北・東南ヨーロッパへと拡大していき，さらには1776年のアメリカ合衆国の独立にともない，西半球を含むようにまでなっていった（スペインやポルトガルなどの植民地であったラテンアメリカ諸国が，19世紀に続々と独立していったことについては後述する）。

（2）国際法理論の生成――「国際法の父」グロティウス
　15世紀末の東インド航路や新大陸の発見以後，ヨーロッパ諸国は，東方の諸国との国際関係を拡大していく一方で，西方の新大陸を植民地化の対象とみなしていった。そうしたなかで，植民地におけるヨーロッパ諸国の権利・義務，海洋（航行）・通商の自由，戦争の規制などといった，当時緊急の解決を求められた諸問題が，神学者や法学者たちにつきつけられた。かれらは，古代ローマ以来のユース・ゲンティウム（万民法）論や自然法論，さらにはカノン法（教会法）に依拠しながら，これらの問題に取り組んだ。そうしたなかで，正しい戦争と不正な戦争を区別する正戦論もまた，精緻化されていった。さらに，マキャベリやボダンなどの理論の影響を受けつつ，近代（主権）国家概念も次第に確立されていった。

　中心となったのは，ビトリアやスアレスなどの後期スペインスコラ学派の人々，そして，ドノやジェンティーリをはじめとするプロテスタントの法学者たちであった。

　これらの理論的伝統のうえに，近代国際法理論を体系化し，「国際法の父」と称されるのが，オランダのフーゴー・グロティウス（オランダ

語名はハイフ・デ・フロート）である。数奇な人生を送ったグロティウスの代表作，『戦争と平和の法』は，1625年に，亡命先のパリで出版された。2025年は刊行400年の記念年となる。

　同書は，「戦争の法」と「平和の法」という，2つの部分から成り立っているが，分量的には前者が圧倒的な部分を占めている。それは，戦争は平和を目指して行われるのであるから，戦争を論じることにより，究極的に平和に導かれることになるというグロティウスの考えを反映している。

　戦争については，スコラ的正戦論[2]，そしてビトリアなどの唱えた双方にとって正当な戦争（「やむをえざる不知」〔14章参照〕）の考えを踏まえたうえで，かれ独自の理論が展開されている。まず，戦争の正当事由（防衛・回復・刑罰）のこのうえなく詳細な記述を通じて，戦争の発生そのものを未然に防ごうとする。それとともに，正当戦争と正式戦争の区別（自然法上の戦争とユース・ゲンティウム〔諸国民の法〕上の戦争との区別），テンペラメンタ（戦闘行為の緩和）などの手法を駆使して，いったん発生した戦争の遂行をできるかぎり規制しようとする。

　「平和の法」の部分では，いったん実現した平和を最大限の誠意をもって維持すべきことは，信義の神聖性に基づいていることが強調されている。

　当時の30年戦争のなかで，幾重にも戦争についての規制を実現しようとするグロティウスの考えは，古典古代や初期神学などについての該博な知識に裏付けられ，当時の人々に対して大きなインパクトを与えたことは間違いない。さらには，「グロティウス的伝統」といわれることもあるように，直後の時代の人々のみならず，現代のわれわれにとっても，同書のもつ学問的意義は果てしなく大きい。

　もっとも，同書が近代国際法の著作であるといい切ることはできな

---

[2]　どのような場合に戦争が正当なものとして，キリスト教上の罪とならないかという論点を中心として組み立てられた理論。13世紀の神学者・哲学者トマス・アクィナスが代表的な論者である。

い。グロティウスの考える「国際社会」は，個々の主権国家からなるものではなく，国王や自立的諸権力（「中間権力」）などからなる，多層的なものとしてとらえられている。同書で展開される自然法やユース・ゲンティウム（万民法）などは，国家を基本的な主体とする近代国際法という性格を明確に有してはいなかった。

　グロティウス以後の，17世紀から18世紀の学者たち——プーフェンドルフ，ヴォルフ，ヴァッテルなど——は，グロティウスの理論を一部では引き継ぎつつ，法的人格としての国家概念，「国家」間の法としての国際法（＝「近代国際法」）概念，国際社会，外交使節，通商・海洋の自由，戦争と平和などの理論的・実践的課題に取り組んでいった。

　まとめていえば，1648年のウェストファリア条約と1625年の『戦争と平和の法』が当時の社会にもたらした衝撃ははなはだ大きかったのは間違いないものの，これらを截然とした契機として，近代国際法や近代諸国家体系が突然に生み出されたわけではなかったのである。

（3）「ヨーロッパ公法」としての国際法

　近代国際法や近代諸国家体系が完成するのは，19世紀である。1815年に成立したウィーン体制の下での「ヨーロッパ協調」が存続するなかで，交通・通信手段の進歩，国際貿易・金融の拡大，植民地をめぐる利害の対立の調整の必要などにより，国家間の相互依存関係は飛躍的に増大し，また，その利害関係を調整する必要性が高まった。

　国際法はこうしたなかで，絶対主義的な王朝間の法ではなく，主権を有する「国民国家」としての実態を備えるに至った，ヨーロッパ諸国家間の利害関係を調整する法として成熟していった。そして，19世紀後半には，仲裁制度の発達，多数の戦時法関連の条約の採択（1899年および1907年のハーグ平和会議など），制度的中立制度の確立などがなされ

た。また，正戦論（この理論について詳しくは14章参照）に代わって，無制限の戦争遂行権という考え，戦争の開始自体は国際法の規律対象外ととらえる考えなどが唱えられた。国際法は，私法理論の国際関係への類推適用の理論（これについては2章参照）を軸としつつ，平時国際法と戦時国際法という二元論の枠組みで構成されるようになっていった。

　こうしたなかで国際法は，当時にあっては，「ヨーロッパ国際法」，あるいは「ヨーロッパ公法」と呼ばれるのが一般的であった。「ヨーロッパ」諸国間の関係を規律する「公法（＝国家の活動にかかわる法）」という位置付けである。その理論的基礎付けをなしたのが，実証主義的国際法論である。国際法を個々の国家の意思に基礎付け，そして，国際法法源としては，国家間の明示の合意である条約と，黙示の合意である慣習国際法のみを認めるという考えである。

　国際法における実証主義を理論的にどのように基礎付けるかについては，19世紀を通じて，とりわけドイツの学者たちを中心として，さまざまな試みがなされた。ヘーゲル，イェリネック，トリーペルなどが代表的な学者である。これらの理論的試みは，それ自体としては成功しているとはいいがたいが，国際法の規範としての妥当根拠という根源的な問題に正面から取り組んだ意欲的なものとして評価することができる。

3．近代ヨーロッパ国際法の適用範囲の普遍化

（1）近代ヨーロッパ国際法の「普遍性」

　近代ヨーロッパ国際法は，「ヨーロッパ公法」と位置付けられていたのであり，本来は諸国家体系をなすヨーロッパ諸国の間を規律する法として発展してきた。そのなかで，ヨーロッパ世界と非ヨーロッパ世界の関係についてみると，前述したように，西方の世界やアフリカの地域

は，すぐ後に述べる東方の諸国とは異なり，植民地化の対象とされた。近代国際法は，ヨーロッパ諸国の植民地化の行動を正当化する理論的枠組みを提供することになった。無主地先占，征服，強制あるいは錯誤に基づく領土割譲条約，併合などの法理である（これらの法理については8章参照）。

1884年から1885年にかけてのベルリン会議におけるアフリカの分割は，「文明・進歩・自由貿易」というスローガンの下に行われた。また，先住民であるアボリジニが居住していたオーストラリア大陸は，「無主地」とみなされ，イギリスが自国領に編入し，1901年には白人政権の下，新国家として独立した（オーストラリア憲法上，アボリジニは人口数の算定から除外された）。

近代ヨーロッパ国際法は，「主権国家」間の法として，地球上において異質なものの存在を許さない，唯一絶対的なものであり，他の地域に従来妥当してきた「国際秩序」と共存できるとはみなされなかった。とくに19世紀中葉以降，国際法が「文明国間の法」であるとみなされていくなかで，近代国際法は，一方では普遍性を標榜していながら，他方では排他的・欧米中心的性格を一段と鮮明にしていくことになった。国際法上の国家として国際社会への参加を認められるための制度としての国家承認制度に典型的に示されているように，ここでいう「文明」は明らかに近代ヨーロッパ文明を指していた。

16世紀以降，スペインやポルトガルなどの植民地であったラテンアメリカ地域は，1811年のチリを最初の例として，続々と独立していった。これらの国々はいずれもヨーロッパ外のキリスト教国とみなされたが，この地域には近代ヨーロッパ国際法とは異なる「ラテンアメリカ国際法」という特別国際法が生み出されたと主張されることもある。ウティ・ポッシデティス原則（国境線画定についての原則。8章参照），政

治犯罪人の引渡や外交的庇護（10章参照），外交的保護権（7章参照）の制限に関するカルボ条項など，この地域に特有の法制度や原則がみられるのはたしかである。ただ，「ラテンアメリカ国際法」という，近代ヨーロッパ国際法とはまったく異なる，地域国際法が存在したとまでいえるかは疑問である。なお，アメリカ合衆国はこれらのラテンアメリカ諸国とはまたまったく異なるかたちで，近代ヨーロッパ国際法とかかわっていった。

（2）東アジア世界への「拡大」——「華」と「夷」

　東方の諸国（オスマン帝国，ペルシア，シャム，中国，朝鮮，日本など）は，それぞれに固有の「国際秩序」の下に存立していたが，ヨーロッパ諸国の圧倒的な軍事的優位の下に（「砲艦外交」と呼ばれることもある），ヨーロッパ諸国との関係は，ヨーロッパの国際法に基づいて行うことを強要されていった。その際にもっとも活用された手段が，領事裁判権，外国人居留地制度，関税自主権の制限などを含む不平等条約であった。

　東アジア世界（中国，朝鮮，安南〔ベトナム〕，琉球など）においては，「天子」を中心とする伝統的な華夷秩序がすくなくとも理念的には2千年近く続いた。「普天の下，王土に非ざるなく，率土の浜，王臣に非ざるなし」という王土思想の下，中国の皇帝の徳は普遍的であって，中心から同心円的に無限に広がる。中国の版図の周辺にある国・民族の首長は皇帝の徳を慕って臣従して貢物を持参すると（朝貢），皇帝はこれに回賜（かいし）を与え（「往多，来寡」），国王に任命する（冊封（さくほう））ことになる（いわゆる「朝貢＝冊封関係」）。

　領域として囲い込むというよりは，自律的な交流のネットワークによる吸引力によって作られる空間が中華世界であった。それは，皇帝の徳

の感化が人に及ぶ度合いに応じて形成される、いわば「属人的秩序」とでもいうべきものであった。

それは、上国―下国と表現されることもあったが、上下ということから推測されるような、一義的な支配服従関係ではなかった[3]。

日本がその歴史上こうした華夷秩序とどのようにかかわっていたかについては、現在においても意見の一致がみられない。ともあれ、19世紀中葉から、ヨーロッパ諸国やアメリカ合衆国が力を背景に「開国」を求め、ヨーロッパ国際法に基づく国際関係を強要していくなかで、そうした国際法とそれぞれの地域の伝統的な国際秩序との相克をいかに理論的に、かつ実践的に解決していくのかが問われていった。

（3）国際法の普遍性や公正さに対する疑義

近代ヨーロッパ国際法の「受容」について日本は成功し、中国と韓国は失敗したといわれることが多い。その主な理由は、華夷秩序の支配力の強弱に求められる。しかし、日本は本当に成功したのであろうか。「成功」という言葉には、近代ヨーロッパ国際法が善いものであるということを含意していないかということもまた問題視される。

明治初期においても、近代ヨーロッパ国際法の普遍性や公正さについての疑義は何人もの日本人たちに見いだせる。1つは、「国際公法は欧人の家法に過ぎざるのみ」（陸羯南）であり、そもそも「ヨーロッパ公法」という地域法をなぜ非ヨーロッパ諸国が守るべき理由があるのかという根本的な疑問である。

また、福沢諭吉が『通俗国権論』（1878年）のなかで記している「百巻の万国公法は数門の大砲に若かず、幾冊の和親条約は一筐の弾薬に若かず」という考えも、近代ヨーロッパ国際法、あるいは国際法そのものへの強烈な批判である。国際法や条約よりは、大砲や弾薬という武力の

---

[3] ただ朝鮮では中国の冊封関係のことを「事大主義」であったとみなされることもある。もっとも、この「事大〔=大に事（つか）える〕」の実体的な中味をどのように解するかについては意見の相違がある。

ほうが優位するという考えである。それはひいては,「力が法を生み出す」あるいは「事実から法が生まれる」という原則が,国際社会においてはあてはまるのではないかという疑問へとつながるものである。

さらに,近代国際法が欧米諸国——ひいては,その国際法を受容した日本——にとって有していた「道具」としての意味を指摘する人々も存在した。たとえば,高橋作衛は1912年の論文のなかで,次のような痛烈な表現の一節を書き記している。1884年の清仏「戦争」の頃に,東アジア地方に来た欧州人たちは,国際法を解していないか,解していても行わないか,「嘗テ其ノ観念ヲ有セシモ道徳ト共ニ此ヲスエズ以西ニ忘レ来リシモノト云フヘキカ」[4]。

高橋は,ヨーロッパの強国と非ヨーロッパの強国との間の「戦争」(実際には清仏両国はともに宣戦布告をせず,また,西洋諸国はこの事態を戦争とみなさなかった。「清仏葛藤」と呼ばれることもある)において,ヨーロッパの人々が意図的に国際法を適用しなかったことを批判している。それは,恣意的なかたちで国際法の適用を決めていこうとする態度への痛烈な批判であったのであり,国際法の普遍的適用可能性に対する,根本的な疑義もまたうかがえる。

---

[4] 高橋作衛「明治時代ニ於ケル国際法研究ノ発達(承前)」『法学協会雑誌』30巻12号(1912年)64頁。

学習課題

1. 広義の国際法と狭義の国際法との相違点はどこにあるか。
2. 近代ヨーロッパ国際法の発展過程において，アメリカ合衆国が果たした役割はどのようなものであったかについて調べてみよう。

参考文献

明石欽司『ウェストファリア条約』（慶應義塾大学出版会，2009年）
伊藤不二男『ビトリアの国際法理論』（有斐閣，1965年）
田畑茂二郎『国際法』（第2版，岩波書店，1966年）
柳原正治『グロティウス　人と思想』（新装版，清水書院，2014年）

2 | 現代国際法の諸特徴

≪学習のポイント≫ 国際法は，今なお分権社会である国際社会の特質によって規定されている。法規範としての国際法規範は，国内法規範とは異なる特色をもっている。こうした特色のある国際法を学ぶにあたっての注意点についても解説する。

≪キーワード≫ 国際社会，社会規範，法規範，国際法規範

1. 国際社会の特質

(1) 国際社会と国際法

「社会あるところ法あり」という格言は，前章で述べたように「法」を近代法に限定せずに，広い意味でとらえれば，どの地域，どの時代にあっても，あてはまる。人々がより集まって共同生活を行う場合に，そこには社会生活を営むうえで当然守らなければならない規範（＝社会規範）が存在する。そうでなければ，社会そのものの存立があり得ないことになる。

そうした社会規範には，法のほかにも，道徳，宗教，習慣，習俗などがある。どのような規範が存在し，それぞれの規範の相互関係がどのようになっているかは，それぞれの地域・時代によって異なっている。こうした考えは，国際社会や国際法にもあてはまるのであろうか。

広義の国際法（＝近代ヨーロッパ国際法に限定されない）は，「国家」（＝近代国家に限定されない）間の関係を規律する「法」（＝近代法に限

定されない）である。国家が孤立して存立していて，その間に関係——仮に戦争であるとしても——が存在しなければ，国際法も存在しないことになる。

　相互に関係のある複数の国家が1つの社会＝国際社会を形成しているととらえるかは，社会をどのように定義するかによる。社会を「複数の個体とその個体間の相互作用からなる集合体で，人間以外にも適用可能な概念」[1]と広く定義すれば，近代ヨーロッパ以外にも，「国際社会」は存在したといえる。もっとも，平等な国家群により構成される諸国家体系を基盤とする国際社会は，近代ヨーロッパにおいてはじめて成立し，全世界に拡大していったことは前章で述べた通りである。

（2）分権社会としての国際社会

　現代の国際法は，以上のように，近代ヨーロッパにおいて成立し，全世界に拡大していった国際社会において妥当している。この国際社会は，国内社会と比較したときに，同じ社会と呼んでいいのか疑問に思われるぐらいに大きく異なっている。一言でいえば，国内社会には中央集権的な機関が存在するのに対して，国際社会にはそうした中央集権的機関は存在せず，そのため国際社会は「分権社会」とか「政府なき社会」と呼ばれることがある。立法権についても，行政権（執行権）についても，そして司法権（裁判権）についても，このことはあてはまる。

　まず立法権についてみると，国際社会においては，国内の議会（国会）に相当するような機関は存在しない。次章で詳しく述べるように，主として条約と慣習国際法から成り立っている国際法は，いずれも集権的な機関によって立法され，その法をただちにすべての国家が守らなければならないというシステムにはなっていない。

　行政権については，国際社会には，法を具体的に執行していく権限を

---

1) 今村仁司ほか（編）『岩波社会思想事典』（岩波書店，2008年）142頁。

もつ内閣に相当するような機関は存在しない。国際連合はそのような執行権限をもっているわけではない。具体的な場面で国際法を適用していくことは個々の国家によって個別的になされる（「適用」と「執行」の関係については次章参照）。

司法権についても，国際社会においては，強制管轄権を一元的にもつ国内裁判所に相当するような裁判機関は存在しない。国内裁判所が強制管轄権をもつというのは，原告が裁判所に訴えれば，被告が裁判の開始に同意するかどうかには関係なく裁判が開始するということを意味する。国際司法裁判所（ICJ），国際刑事裁判所（ICC），国際海洋法裁判所（ITLOS）などの国際的な裁判機関は，国内裁判所のように，無条件で強制管轄権をもつ機関ではない。現在においても，集権的な司法機関は，一般的なかたちでは国際社会には存在しない。

国際法の執行を集権的に行う機関が存在せず，また，権利の実現を究極的にもたらすはずの裁判制度が整備されていない状況で，国家はどのようにして，国際法上の権利を実現できるのであろうか。

国家は究極的にはみずからでそれを実現するしかない。すなわち，国内社会においてはごく例外的にしか認められていない，「自力救済（自助）」——みずからの権利はみずからが力を用いてでも実現すること——が，国際社会においてははるかに広範囲に認められている（この点も詳しくは次章参照）。

国際社会においては，第二次世界大戦以降，国際連合，国際的な裁判機関，世界貿易機関（WTO）の紛争処理手続，国際社会の一般的利益[2]，強行規範や普遍的義務（対世的義務）の概念（これらの概念についてはそれぞれ3章，5章参照）などが整備され，大きな変更がなされ

---

[2] 国際社会の一般的利益とか，国際社会全体の利益，国際社会の共通利益などと呼ばれる概念は，比較的最近唱えられるようになったものである。国家間の利害調整が国際法の役割であると伝統的にはとらえられてきたのに対して，国際社会の一般的利益というものが存在し，それを実現することもまた国際法の任務であるとみなす考えである。それは，国際社会を1つの「国際共同体（コミュニティ）」としてとらえるという考えにつながるものである。

つつある。しかしながら、以上に述べてきた、その基本的構図は依然として変わってはおらず、国内社会におけるような、集権的な機関は、立法・行政・司法のいずれの局面においても存在しない。

　法は、その基盤とする社会の特質によって、その性格が規定される。現代国際法が、現在においてもなお分権社会とみなされる国際社会において妥当しているということにより、現代国際法は、国内法とは相当に異なる法であることになる。

(3)「多文化世界」としての国際社会

　前章で述べたように、19世紀の近代国際社会は、ヨーロッパ文明国のみから成り立っていた。その意味で、単一的・同質的な社会であった。他の地域の国々は、ヨーロッパ諸国のような「文明国」として自国を作り上げてはじめて、その「社交クラブ」としての国際社会への加入が認められた。日本の「文明開化」は、その功罪は別にして、まさにその典型例である。

　オッペンハイムの『国際法』（1905年）では、主として3つのカテゴリーの国家が国際社会（Family of Nations）の構成員とされている。古来のヨーロッパ・キリスト教国（＝国際社会の原加盟国）、ヨーロッパ外のキリスト教国（アメリカ大陸の諸国など）、そして、非キリスト教国であるが国際社会への加入を認められたトルコと日本である。ペルシア、シャム（タイ）、中国、韓国、アビシニア（エチオピア）はたしかに文明国ではあるが、その文明の程度は国際法上の諸原則を理解し、実施に移すにはなお不十分であるとみなされている[3]。

　しかしながら、とりわけ1960年代以降、旧植民地が次々と独立し、イスラーム世界の諸国家、さらには、中国やインドやブラジルなどが発言

3）　オッペンハイムは、これ以外に、コンゴ自由国を、1884年のベルリン会議以降、はなはだユニークな国家として、国際社会の構成員であるとみなしている。Lassa Oppenheim, *International Law : A Treatise*（vol 1 Longmans New York/Bombay 1905）pp. 32–34, 154–157.

力を増していくなかで，こうした均質的な国際社会は大きく変化してきている。現在では，さまざまな文明の国々，さまざまな発展段階の国々からなる「多文化世界」へと変化したといわれる。

　こうしたなかで，近代ヨーロッパ国際法が欧米諸国にとって有していた「道具」あるいは「武器」としての意味，いいかえれば，近代ヨーロッパ国際法の普遍性や公正さそのものに対する疑義が，以前にも増して強調されるようになってきている。国際法は，表面上は普遍性を標榜しながらも，実際には，とくに非欧米諸国・地域に対する，欧米諸国の国家行動を正当化・合理化する役割を果たしてきたのではないかという疑義である。

　それはひいては，国際社会においては，国際法が普遍的に妥当するという意味での「法の支配」[4]が存在するというよりはむしろ，個々の国家の実力（武力を含めて）が幅をきかせているのであって，「力が法を生み出す」という意味で，「力による支配」が存在するのではないかという疑義をもたらしている。伝統的国際法の権威そのものに対する，重大な疑義であるといってもよい。

　また，それに合わせて，自決の原則，人類の共同財産概念，新国際経済秩序，発展の権利，共通だが差異のある責任など，近代ヨーロッパ国際法にはみられなかった諸原則・概念も主張されるようになってきている。もっとも，これらの新しい諸原則・概念が現在の国際社会において一般的に認められているかについては，なお不透明な部分が多い（この点は，後の章において詳しく述べることにする）。

　伝統的国際法に対する，これらの疑義にどのように応えることができるかは，現代の国際法学者にとってはなはだ重い課題である。本書全体を通じて，この課題に取り組みたい。

---

[4]　国際社会における法の支配について詳しくは，柳原正治『法学入門』（放送大学教育振興会，2018年）159-171頁参照。

2. 国際法規範の特質

(1)「国際法は法とみなすことができるか」

　国内社会と異なる国際社会に妥当する国際法は，国内法とは相当に異なっていることをこれまで述べてきた。そのように異なるのであれば，国際法は，そもそも国内法と同じカテゴリーの法といえるのであろうか。

　この問題は，近代ヨーロッパ国際法が完成期を迎える19世紀後半において何人もの学者たちによって活発に論じられた。「国際法は法とみなすことができるか」という古典的論争である。そこでの議論の前提は，国際法は，近代法である国内法と同じ意味での法とみなすことができるかということであった。

　一方では，国際法はそうした意味での法ではないとする見解がある（イギリスのオースティンが代表者）。国際法の規範内容を実際に実現するための強制手段は，個別国家の権力以外には存在せず（自力救済），それは公平な意味での強制とはいえないととらえる。近代法＝国内法のもっとも重要な特徴が外面的・物理的強制をともなう強制的命令という側面であるとすると，国際法はその側面が未発達であるといわざるをえない。したがって，そもそも国際法は法とはみなせない，あるいは，「実定的な道徳」にすぎないとみなす。

　これに対して，国際法は法とみなすことができるとする見解も有力に主張されてきた。これにはさまざまな態様がある。いずれも国内法とは異なる国際法の側面を強調する考えである。

　1つは，国際法は同位にある国家同士の関係を規律する法ととらえられるとし，国際法の拘束力は個々の国家自身の意思に依存するとみなす。国際社会は国内社会のように集権的ではないのであり，個々の国家

の上位にあって法を強制するような機関は存在しないはずであるという前提に基づく理論である。国家の自己拘束の理論と呼ばれる考えである（ドイツのイェリネック）。

　こうした考えと異なるのが，国内法と国際法はまったく別個に独立した法秩序であるとみなす，二元論の考えである。これにより，国家の意思に基づく国際法独自の妥当根拠を論証しようとした（ドイツのトリーペル。この二元論について詳しくは，4章参照）。

　これ以外にも，強制手段は国家の上に立つ政治組織によるものでなくとも，「自力救済」という形でありうるという考え，法の妥当性と実効性を区別する考え，国際法の拘束力の淵源を諸国の共同の合意に求め，さらにその基礎は「合意は拘束する」という公理におかれるという考えなど，いくつもの理論が主張されてきた。

(2) 独自の法規範としての国際法

　「国際法は法とみなすことができるか」という問いが正面から取り上げられて議論されることは，現在においてはあまり多くないといえる。それは主として，その設問の背景に存在していた，国際法を国内法と同じ意味での法ととらえることができるかという問いかけそのものが，果たして有益であるかという疑問に基づいている。国内社会と国際社会のあり方の大きな相違をみれば，分権社会である国際社会に妥当する国際法は，国内法と異なった特徴をもつのは当然ではないかという考えである。

　そのように考えれば，国際法は，国内法とは異なる法規範として，どのような独自の特徴をもっているのかという点を明らかにしていくことのほうが生産的な作業といえることになる。国際法は，国内法と完全に同じ意味での法であるべき必然性はまったくないのである。

むろん，それを「法」と呼ぶのかという根本的な問題は残っている。しかしながら，近代法＝国内法が法の唯一の存立形式ではないこと，すなわち，歴史的にみれば時代・地域が異なればさまざまな態様の「法」が存在してきたこと，同じヨーロッパでも中世の「法」は近代法とは異なっていること（前章参照）からすれば，国内法とは異なるということを十分に認識していれば，国際法を法と呼んでもまったく問題はないといえる。

　もっとも，19世紀において近代国際法理論が整備されていく過程で，さまざまなレベルで，国内法上の諸原則や諸理論からの類推が行われていったという事実は（「私法理論の国際関係への類推適用」と称されることもある），忘れてはならない。

　たとえば，国際法（条約と慣習国際法）は誠実に守らなければならないという原則については，「合意は拘束する（合意は守らなければならない）」という国内法上の原則がもちこまれて，理論構成された。条約は明示の合意，慣習国際法は黙示の合意とみなし，同じく合意として拘束力をもつという構成である。

　また，領域権原論や条約の解釈技法などに典型的にみられるように，国際法の個別理論が整備されていくなかで，国内法——とくに私法——の個別理論が類推適用されていった。私的所有権の取得方法として古代ローマ法以来の伝統的な理論である「無主物先占」が，国際法の場面では，「無主地先占」という理論として構成されていったというのが，具体的な一例である。所有者のいない動産については，最初に占有した者がその所有権を獲得できるという無主物先占の理論が，いまだ国家の領域となっていない地域——人間が居住しているかとは関係ない——は，最初に実効的に支配した国家がその領域に組み入れることができるという，無主地先占の理論として整備されたということである。

（3）国家間の法としての国際法

　1990年代以降，世界のグローバル化が急速に進展し，9.11米国同時多発テロやコソボ紛争やシリア危機などが続発するなかで，平等な主権国家から成り立っている国際社会のあり方は急速に変化してきており，従来のような，国家間の法としての国際法の存続についての疑問が声高に唱えられるようになってきている。これにはいくつもの態様がある。

　1つは，国際組織や個人や法人やNGOなどの，国家以外の主体＝非国家主体が，国際社会のなかで果たす役割が飛躍的に増大してきているという事実である。この現象は，第二次世界大戦以降にすでにみられたが，グローバル化の進展のなかで加速化してきている。

　また，戦争（武力紛争）のあり方も，「対テロ戦争」という用語法にもみられるように，伝統的な，国家対国家の争いとしての戦争ではなく，「新しい戦争」という概念（9.11米国同時多発テロの際の，ブッシュ米大統領の発言）も主張されるようになってきている。私人や私的団体が用いる暴力，あるいはそれらに対する武力行使を「戦争」とみなすことができるような状況が生まれてきている。

　さらに，最近ではとくに「サイバー戦争」とか「サイバー・テロ」ということが問題とされている。実際に武器を用いて戦闘が行われているわけではないが，インターネット上で，不正なかたちで情報収集が行われたり，サービスの停止とか，情報やプログラムなどの破壊が行われたりしている。個人や集団が行う場合があるともいわれる。

　こうした状況をとらえて，国際法はもはや国家間を規律するだけの法とはいえなくなっており，非国家主体の存在をもっと前面に押し出した国際法のあり方を構想すべきであるという考えが主張されている。

　もう1つの考えは，従来の国際社会のあり方は根本的に変化してきている，あるいは，変化すべきであるとみなし，国家を構成員として成り

立つ国際社会ではなく，個々の人間から成り立つ世界市民社会を構想すべきであるというものである。その社会に妥当するのは，もはや伝統的な国際法ではなく，世界市民法やコスモポリタン法とでも呼ぶべき法であるということになる。

そこには，伝統的国際法に否応なく付着している諸制約から解放されて，いいかえれば，行き詰まった国際社会の現状にブレーク・スルーをもたらすべく，まったく新しい秩序を構想しようという意図もまた存在している。

国際社会が中長期的にどのような方向に実際上進み，そこに妥当する法のあり方がどのようなものになっていくのかについての予想は難しい。そこには現状分析だけではなく，現状打破をしたいという欲求もまた含まれていることもあるからである。

すくなくとも現時点での国際社会の現状をみると，国家間の法という近代国際法の基本的性格は，いろいろな点で修正が加えられてきつつあるものの，なお変更されてはいない。現代国際法の基礎は，現段階においてもなお，主権平等原則であるという事実はここで再確認しておきたい。

3. 国際法の学び方

(1) 国際法は一枚岩的（monolithic）か

以上のような諸特徴をもつ国際法を，現時点でどのようにして学べばよいのであろうか。学問に王道はないが，以下では，これから国際法を学んでいくにあたって留意すべき点をいくつか挙げることにしたい。

第1に重要なのは，近代国際法を引き継いだ現代国際法は，近代法と同じように，「国際法」のあり得る存立形式の1つにすぎないという事

実をいつも忘れないことである。第1章で説明したように，時代や地域を異にすれば，異なる「国際法」が現に存在していた。

　このことは，現代国際法上の諸制度や概念がどのような歴史的経緯の下に生み出されてきたのか，そして現段階においてなぜ現行のようなかたちで存続しているのか，という問題をつねに問いかけることが求められているということを意味する。

　こうした現代国際法の歴史的制約性はまた，現にある国際法が今後変遷していくという可能性が大いにあるということをも示唆している。国際法上の現行制度・概念が今のまま存続していけるのか，あるいは存続させるべきなのかという問い，さらには，現行制度・概念に変わる新しい制度や概念はどのようなものとして構想できるのかという問いを，つねに追い求めていかなければならない。

　第2に留意すべきなのは，現代国際法は基本的には国家間の法であるから，国際法は国家ごとに異なるものではなく，どの国家にとってもまったく同一のものであると理解してはならないということである。これには，すくなくとも2つの側面がある。

　1つ目の側面は，国際法の法源として現在もっとも重要な条約のうちの圧倒的多数を占める二国間条約は，その内容がはなはだ多様であるという事実である[5]。国家間の関係のかなりの部分がこの二国間条約により規律されているが，その内容が多様であるということは，同じ事項について，A国とB国の二国間条約と，C国とD国の二国間条約とでは，規律内容が異なっていることもあり得るということを意味する。

　さらには，1つの国家が同じ事項について定めた二国間条約であっても，相手国によりその内容がかならずしもすべて同じではないこともある。たとえば，日米犯罪人引渡条約と日韓犯罪人引渡条約は，一方の締約国は同じく日本であるが，その内容はすべてが同一ではない。

---

[5] 日本の外務省のホームページには，日本が締結している条約についての，データ検索のページがある。それによると，2018年6月の段階で，日本が締結している二国間条約は7,800件にのぼる。多数国間条約は1,014件である。

2つ目の側面は以下のようなことである。国際法上の基本的な制度については，どの国家も一様にかならず守るべきであるとみなされる。たとえば，国家領域は領土・領水・領空から成り立っているとか，外交官には特権・免除が与えられるとか，武力の行使は禁止されており，例外として一般に認められるのは自衛権と集団的措置だけであるとか，列挙すれば限りなく多数にのぼる。

　ところが，個々の制度については国家により異なっていることがかなり多くみられる。たとえば，領海の幅は12カイリ以内というのが現行国際法の一般原則であるが，数は少ないが，3カイリ，6カイリ，さらには200カイリを領海の幅としている国家も存在する。また日本は12カイリをとるが，特定海域（5つの海峡）については3カイリとしている。

　さらに，その領海において外国船舶には無害通航権（この権利についての詳細は9章参照）が一般国際法上認められるが，外国の軍艦にも認められるかについては，事前通告を求めるか，事前許可を求めるか，あるいは一般の船舶と同じとするか，国家実行がかなり異なる。

　外交官の特権については，それが認められる根拠としては，代表説をとるか，機能説をとるかについてはなお議論があるものの，1961年の外交関係に関するウィーン条約では，従来慣習国際法で認められてきたものよりも，若干広く特権免除を認めた。外交官には身体の不可侵，裁判権からの免除などが認められる。また，公館は不可侵とみなされる。この条約の締約国はこの条約を遵守する義務がある。2018年6月現在で締約国は191ヵ国なので，地球上のほとんどの国家が締約国ということになる。ただ，条約に明記されている特権については問題ないとして，それ以外の個々の特権をどこまで認めるか，たとえば交通違反についての処理などについては，国家によりかなりの相違がみられる。

　以上のような，ごく限られた例のみをみても，一般的にすべての国家

に適用される，国際法上の諸原則と，国家により異なっている，国際法上の個別の制度・理論があるということは理解されよう。

　国際法を学ぶにあたっては，以上のように，国際法はかならずしも「一枚岩ではない」という側面があることをつねに念頭に置いておく必要がある。

（2）他の法律学科目との関係

　国際法は国内法とは異なる法であることを強調してきた。その一方で，国内法，とくに私法の理論を類推適用してきたという歴史的経緯も説明した。そのことからして，国際法を学ぶにあたっては，国内法の法律学科目，とりわけ民法については，可能であれば事前に学んでおくことが望ましい。また，第13章で詳しく説明するように，近年国際裁判が広く活用されるようになってきており，訴訟手続や事実認定のあり方など，多くのことが大きな課題として論じられるようになってきている。その点からすれば，民事訴訟法の基礎的知識が必要であることもたしかである。

学習課題

1．社会のあり方として国内社会と国際社会はどこが異なるかについて整理し，なぜそうした相違があるのかについて考えてみよう。
2．国際法を学ぶうえで，もっとも留意すべき点はなにか。

参考文献

五十嵐　清『私法入門』（改訂3版，有斐閣，2007年）
石本泰雄『国際法の構造転換』（有信堂，1998年）
河西（奥脇）直也「国際紛争の平和的解決と国際法」寺沢　一ほか（編）『国際法学の再構築 下』（東京大学出版会，1977年）
小寺　彰『パラダイム国際法』（有斐閣，2004年）
村上淳一『近代法の形成』（岩波書店，1979年）

3 | 国際法の形成と適用と解釈

≪学習のポイント≫　国際法は，その形成・適用・解釈のいずれについても，国内法とはかなり異なる独自の原理をもっている。また，国際法の形成・適用・解釈の３つが厳格に区別されるのかが，ときとして曖昧な場合もある。これらの原理を正確にとらえることが，国際法の理解にとってなによりも重要である。
≪キーワード≫　国際法の法源，条約，慣習国際法，特別国際法，一般国際法

1. 国際法の形成──国際法の法源

（１）国際法形成の特徴

　前章で，国際法は国内法とはかなり異なる法であることを説明した。そこで強調したのは，その規律内容をどのように実現するか，いいかえれば，外面的・物理的強制をともなう強制的命令ととらえることができるか，という点をめぐる両者の相違であった。

　国際法と国内法の相違点はしかし，その点だけにとどまるわけではない。国際法の形成，適用（あるいは執行），そして解釈も，国内法のそれとはかなり異なっている。

　国際法の形成については，すでに前章で若干言及したが，国内社会におけるような集権的な立法機関は国際社会には存在しない。国際法は，原則として，個々の国家が個別にかかわるというかたちで成立する。条

約と慣習国際法の2つが，代表的な国際法の存立形式（＝形式的法源）である（国際司法裁判所規程38条1項参照）。

　また，国際法には，国内法のように，基本となる法典が存在するわけではないという点にも注意が必要である。たとえば，民法を学ぶときには，民法典という，1つのまとまった法典に，基本的なことはすべて規定されているので，その法典の個々の条文を精読しなければならない（むろん，抽象度が高いので，初学者が民法典だけを読んで民法のすべてを理解するのは難しいが）。

　ところが，国際法には，そうした法典に相当するような「国際法典」はどこにも存在しない。具体的な事例においてどのような国際法が適用されるのかは，当事国がどの国家なのかということと，その事例の法的論点は何かということにより異なってくる。いいかえれば，国際法上の諸原則や諸原理や手続はすべて，さまざまな典拠やメカニズムを駆使して個別の事例ごとに確定していなければならないのである。この点は，初学者には国際法は理解しがたいと思わせるかもしれない。しかしながら，国際法の固有の原理を会得できれば，国際法の理解はそれほど難しいことではない。本章と前の2つの章を熟読し，その原理を会得してもらいたい。

（2）条約法

　現代国際法のもっとも重要な法源は条約である。条約は，それに拘束されることを表明した国家（＝締約国）のみを拘束するのが原則である。「合意は拘束する」の原則である。

　条約には，締約国が2ヵ国のみである二国間条約と，3ヵ国以上である多数国間条約とがある。数の上では，二国間条約が圧倒的多数を占める。しかし，とくに第二次世界大戦以降は，国連国際法委員会（ILC）

が国際法の法典化と漸進的発達の作業[1]を精力的に進めてきたこともあって，多数国間条約が増え，重要な分野の多くを規律するようになってきている。

これらの現象を「国際立法」とみなし，国内社会におけるような「立法」が国際社会にもみられるようになったとする見解もある。もっとも，締約国のみを拘束するという条約の基本的性格は変わっておらず，国内社会と国際社会では，法の形成の仕方は依然として根本的に異なっているという事実を忘れてはならない。

条約の意義，締結の仕方，効力など，条約の基本的事項に関することを規定している条約が，1969年に採択されたウィーン条約法条約である。現在116ヵ国が締約国となっている。全世界の半分強の国家が本条約の締約国になっているにすぎない（非締約国としては，たとえばアメリカ合衆国，フランス，ノルウェー，インドなど）。ただ，本条約に規定されていることのかなりの部分は，現在では慣習国際法であるとみなされている。慣習国際法は後に説明するように地球上のすべての国家が遵守しなければならないので，本条約の非締約国も，慣習国際法とみなされる，本条約上の規定は遵守しなければならない。つまり，条約の基本的事項についてのかなりの部分は，本条約の規定（いいかえれば慣習国際法）によるということになる。

文書の形式により締結される条約は，条約締結能力をもつ国家（連邦国家の構成国であることもある。たとえば，ドイツの州）間に成立する（現在では国際組織も条約を締結することが可能）。名称は，条約，協定，規程，憲章，議定書，宣言など多様である。口頭の約束が条約と認められることもある。

---

1) 国際法の法典化とは，すでに存在する国際法の諸規則を一層精密に条約のなかに定式化・体系化することである。これに対して，国際法の漸進的発達とは，国際法の諸規則が明確に存在しない事項について，あらたに条約草案を準備することである。ただ，現実には両者を厳密に区別することは難しく，ILCの作業においてはその区別は相対化している。

条約文の作成は，二国の交渉担当者同士の交渉，特別の国際会議での交渉，国連国際法委員会での審議など，いろいろな形式でなされる。完成した条約に拘束されることについての同意は，署名，批准，加入など，いくつかの方法が存在する。

　個々の国家が条約への同意についてどのような国内的手続を取るかは，それぞれの国家に委ねられている。日本の場合には，国会の承認を経たうえで内閣が締結する国会承認条約と，行政府の判断のみで締結できる行政取極(とりきめ)の区別がなされ，両者を合わせて国際約束と呼んでいる。法律事項を含むもの，財政事項を含むもの，または政治的に重要なものが国会承認条約とされる（「大平三原則」と呼ばれる）。

　国家の合意により形式上条約が成立しても，なんらかの原因によりその条約が無効となることがある。取消の場合と異なり，当初から法的効力がなかったとみなされる。無効原因としてなにがあるかについてはさまざまな見解がある。ウィーン条約法条約では，国内法上の手続に違反する条約締結，代表者の権限踰越(ゆえつ)，錯誤・詐欺・買収，国の代表者に対する強制，武力による威嚇や武力行使による国に対する強制，強行規範への抵触が列挙されている（46条～53条）。

　いったん有効に成立した条約が，なんらかの根拠によりその法的効力を失うのが，条約の終了である。締約国の合意による場合のほか，条約の重大な違反，後発的履行不能，事情の根本的な変化（「事情変更の原則」），外交関係・領事関係の断絶，強行規範の成立などが終了原因とされる（54条～64条）。

　多数国間条約は，一般的には締約国の数が多いほうが望ましいことが多い（「普遍性」の要請）。そこで，条約全体の目的や趣旨には賛成であるが，一部の条項については反対であるという国家を締約国とするために編み出されたのが，留保の制度である。そうした条項の適用を排除す

る，あるいは変更するという，国家の一方的宣言が留保である。条約のすべての条項が等しく締約国に適用されるのが望ましい（「一体性」の要請）ので，どこまで留保が認められるかは，個別に判断されることになる。たとえば，人権条約についてはこの留保がかなり多くみられる。その一方で，国連海洋法条約や環境関連の諸条約などのように，条約そのものが留保を禁止している場合もある。

　留保と異なるのが，解釈宣言である。条約の規定に複数の解釈の余地があるときに，どの解釈をとるかを意思表明する，国家の一方的宣言である。もっとも，実際の宣言について留保か解釈宣言かがかならずしも明確ではないこともある。また，留保が許されていない条約について，実質的には留保にあたるのではないかとみなされる解釈宣言がなされることもある。

　さきに説明した「合意は拘束する」の原則からして，締約国以外の第三国には，その条約上の権利・義務は及ばないことになる（「合意は第三者を害しも益しもしない」の原則）。ただし，事実上の利益や不利益が及ぶことはある。反射的利益と呼ばれる。

　もっとも，歴史的にはこの原則についての例外が認められてきた。ただし，どの範囲まで第三国の権利・義務を認めるかについては一致した慣行はなかった。ウィーン条約法条約では，第三国の権利については広く認め，そうした権利の取得について第三国の同意が推定されると規定した（36条）。その一方で，義務については，第三国の書面による同意が必要であると規定している（35条）。

　地球上のすべての国家が締約国となっている条約，つまり一般国際法としての条約は理念上はあり得る。しかし，現時点ではそうした条約は存在せず，一部の国家のみを締約国とする条約（＝特別国際法としての条約）のみが存在する。締約国数は条約により千差万別である。

国連憲章102条によると，条約はすべて国連事務局に登録され，そして事務局によって公表されなければならない。第１次世界大戦前には秘密条約がかなりの数締結されており，それが世界の平和を乱す一因となったということへの反省に基づく制度である。国連事務局は，国連条約コレクション（United Nations Treaty Collection）というホームページ上に登録された条約を公表している。2018年６月の段階で，条約集は全部で2,900巻刊行されており，収録されている条約の数は50,000を超えている。

（３）慣習国際法

　大陸法系の国家においては，慣習法が果たす役割は成文法と比較すると圧倒的に小さいのが一般的である（コモン・ローの国々では状況が異なる）。ところが，国際社会においてはまったく状況が異なっている。19世紀に近代国際法が完成していく段階において，18世紀までの自然法理論が廃れていくなかで，条約と慣習国際法という実定国際法が重視され，とりわけ慣習国際法がもっとも重要な法源とみなされた。

　当時，国際法の主だった分野のほとんどについては，多数国間条約が存在しなかった。1899年および1907年の第１回・第２回ハーグ平和会議において，いくつもの多数国間条約が採択されるなど，19世紀後半においては，戦争法について多数国間条約が採択されるようにはなったが，他の分野においてはそうした現象はみられなかった。

　慣習国際法は，当時は黙示の合意に基礎づけられることが多かった。そして，すべての国家が守らなければならないという意味で，一般国際法（普遍国際法と呼ばれることもある）とみなされた。新国家が国際社会の一員となる際にも，その国家は，慣習国際法の成立時に国家として存在していないのであるから，黙示の合意を与えたわけではないが，既

存の慣習国際法を遵守するのは当然のこととされた。

　慣習国際法はしかしながら，現在では，その成立要件についても，国際社会における役割についても，大きく変化してきている。成立要件については，一般慣行と法的確信の2つとするのが現在では一般的である。一般慣行とは，当該事項の利害関係国の大多数の国家実行（作為と不作為）に一致がみられることである。法的確信とは，それらの国家実行が国際法上の義務であるとの認識の下に，または国際法上許容されているとの判断の下に，行われていることを指す。この要件により，慣習国際法と国際礼譲との区別ができることになる。国際礼譲とは，法的権利・義務をもたらすものではなく，儀礼や便宜や伝統を考慮してだけ動機づけられている行為のことである。慣習国際法は法的権利・義務を規定するものであり，それに違反すれば国際法違反行為とみなされることになる。

　もっとも，このように国家実行の反復，しかも法的確信をともなった国家実行という要件が求められるために，現代のように多様でダイナミックな国際社会においては，慣習国際法が迅速に成立することは相当に困難になってきている。

　さらに，とくに第二次世界大戦以降，多数国間条約が飛躍的に増えてきた。この多数国間条約はすでに慣習国際法として存在していた法規則を条約のなかに取り込むこともあったし，慣習国際法が存在しない事項についてあらたに規定することもあった（前述の，国際法の法典化と漸進的発達の区別を参照）。また，条約の規定が時間の経過とともに，慣習国際法上の規則とみなされるという現象も起きてきている。

　条約と慣習国際法は，まったく同じ事項について規定することがある。その場合，同一の規定内容のこともあるし，異なる規定内容のこともありうる（異なる規定内容の場合に，どちらのほうが優先するかは次

節参照)。こうしたことがあるため,現在では慣習国際法のみによって規律されていた事項は減少した。もはや慣習国際法のみが国際法の主たる法源であるという状況ではなくなっている。

　ただし,もともと多数国間条約が存在しない事項,かりに存在しても締約国の数が多くない,あるいは有力な国家が締約国となっていない事項などについては,慣習国際法がなお重要な役割を果たしている。たとえば,国家の資格要件,国家承認や政府承認,国家の基本的権利義務,国家の国際責任,国家領域,国籍,犯罪人引渡,国家承継などの事項である。

(4) 法の欠缺(けんけつ)(法の不存在)と他の国際法法源

　国際社会においては集権的な立法機関が存在せず,条約と慣習国際法が現在では国際法の主たる法源であるということから生まれてくる問題が,条約によっても慣習国際法によっても規律されていない分野が存在することである。法の欠缺(法の不存在)と呼ばれる現象である。

　国内社会においても,主として,社会の急激な変化により発生した新たな問題に立法活動が追いつかずに,法の欠缺の状況が生まれることがある。国際社会においても,国内社会と同じ状況での法の欠缺がみられることがある。

　国際社会においてはしかし,国内社会とは異なる状況での,法の欠缺もみられる。すなわち,慣習国際法(=一般国際法)が存在せず,条約のみによって規律されている分野を取ってみると,条約締約国間にはたしかに適用すべき国際法が存在する。しかし,条約非締約国同士,および,非締約国と締約国間には適用すべき国際法が存在しない。こうした状況が国際社会においては頻繁に起きる。

　法の欠缺の状況に対処するために編み出されたのが,1920年の常設国

際司法裁判所（PCIJ）規程38条の「法の一般原則」である。これは，裁判所が裁判を行うにあたって適用すべき国際法が存在しないという状況を避けようとして設けられた，まったく新しい裁判準則である。その性格をめぐっては当初さまざまな議論があった。現在では，信義誠実の原則，エストッペル（禁反言の原則），既判力の原則などのような，各国の国内法に共通の原則を指すととらえられ，第3の法源とみなされている。

これ以外に，国際法の法源あるいは法則決定の補助的手段として挙げられることがあるのは，国家の一方的行為，衡平（こうへい），判決，学説，国際法の一般原則（あるいは国際法の原則）などである。

これらと異なるのがソフト・ローの概念である。国連総会決議がその代表例としてよく挙げられる。厳密な意味での法的拘束力はないものの，なんらかの規範的価値をもつとみなされるもののことである。1970年代ぐらいから用いられるようになった概念である。

近年では国内社会においても，「政府によって強制されない規範」としてソフト・ローが議論されるようになってきている。もっとも，これが国際法学のなかで議論されているものと同一であるのかについては争いのあるところである[2]。国際法学のなかでもソフト・ローを，そもそもどのような概念としてとらえるのかについては一致がみられるわけではない。

2. 国際法の適用

（1）国際法の適用と執行

国内社会においてはさまざまな紛争が起きたときに，最終的には裁判によって解決せざるをえない（裁判所の強制管轄権）。裁判官は事実を

---

2) 奥脇直也「グローバル化時代における国際法」松田竹男ほか（編）『現代国際法の思想と構造 II』（東信堂，2012年）406-412頁。

確定した後に，その事実にあてはまる国内法規を適用し，結論を導く。法の「適用」とは，このように裁判官による行為であり，行政府などが法規の内容を実現する「執行（実施）」とは一般的には区別される。

　これに対して国際社会においては，国内社会とは社会のあり方が異なることもあり，こうした適用と執行の区別はなされない。国際法の適用は，裁判所（国際裁判所と国内裁判所）が行う行為のみならず（裁判規範としての国際法），国家などの国際法主体が具体的な場面でどのようにして国際法に準拠して行動するかという側面（行為規範としての国際法）も指している。

　国際裁判所の場合，国内におけるような審級制度は存在しないため，国際裁判所によって国際法の適用が異なるという事態が生まれ得る。また，国際裁判所と国内裁判所の判断，ある国家の国内裁判所と他の国家の国内裁判所の判断が，それぞれ異なることもあり得る。国内の最高裁判所のような存在が国際社会にはない以上，適用法規の確定はこのように個別的にならざるをえない。これを調整するシステムは存在しない。このことは条約についても問題となるが，とりわけ慣習国際法の確定については，慣習国際法が不文法であるため，大きな問題をもたらすことになる。

（2）適用法規間の調整

　国内社会においては，憲法―法律―政令―内閣府令・省令という法の段階的構造が存在し，それぞれの法規間の優劣関係は明確である。ところが，国際社会においては，条約と慣習国際法の間，あるいは，二国間条約と多数国間条約の間に，そうした優劣関係は存在しない。そこで，ある事項について適用可能な国際法規が複数存在するときに（「競合」と呼ばれる），どの法規を優先的に適用すべきかが問題となる。

これについては，国内法についても妥当している，「特別法は一般法を破る」という原則と，「後法は前法を廃す」という原則によって判断される。

　特別法と一般法の区別は，適用範囲に基づく。比較して適用範囲の狭い法が特別法とみなされ，優先的に適用される（一般国際法と特別国際法の区別とは異なるので，注意が必要である）。条約と慣習国際法の間では，一般国際法とみなされる条約でないかぎりは，つねに条約が優先し，条約相互間については（それぞれの条約の締約国が同一の場合），締約国数の少ない条約が優先することになる。

　後者の，後法優位の原則は，比較して後から成立した国際法——条約であれ，慣習国際法であれ——のほうが優先的に適用されるというものである。特別法優位の原則と後法優位の原則が競合する場合には——すなわち，条約と異なる内容の慣習国際法が条約より後に成立した場合には——，特別法優位の原則のほうが優位すると一般的には考えられている。前に成立していた条約のほうが，後に成立した慣習国際法に優位するとみなされるということである。

　以上のような一般原則に対して，2つの例外が存在する。1つは，国連憲章である。103条で，国連憲章上の義務（安全保障理事会の拘束力のある決議——強制措置の決定など——に基づく義務も含む）が他の条約上の義務に優先すると規定されている。

　もう1つの例外が，強行規範（ユース・コーゲンス）の概念である。従来，国際法の法規はすべて，基本的には任意規範とみなされてきた。すなわち，慣習国際法または条約上ある規則が成立した後に，その規則とは異なる内容をもつ慣習国際法または条約があらたに成立することは許されていると解されてきた。

　1969年のウィーン条約法条約ではじめて強行規範に関する規定が設け

られた。強行規範とは、「いかなる逸脱も許されない規範として、また、後に成立する同一の性質を有する一般国際法の規範によってのみ変更することのできる規範として」国際社会全体が受け入れた規範のことである（53条）。この強行規範に抵触する条約は無条件で無効とみなされる。

こうした強行規範の考えは、規範としての国際法の根本的なあり方をゆるがす、画期的な内容を含むといえる。もっとも、そこにはなおいくつかの根本的な問題が存在する。1つはどのような法規が強行規範とみなされるか、また、どの機関がそれを最終的に決定するかが明確でないという点である。奴隷取引や海賊行為やジェノサイドの禁止、武力不行使原則などが例として挙げられることが多いが、確定しているわけではない。

もう1つの問題点は、条約法条約のなかに規定されたことにより、強行規範は条約についてのみ適用される概念とみなされていることである。法規間の優劣関係を一般的にとらえるとすれば、強行規範と慣習国際法の関係もまた問題となり得るはずである。

3. 国際法の解釈

（1）国際法の適用と解釈

国内社会において裁判官が具体的な事実にあてはまる法規範を適用しようとする際に、そうした法規範の意味内容を明らかにする作業として法の解釈が行われる。国際社会においても、裁判所、あるいは、国家などの国際法主体が国際法を適用しようとする際に、用語や条文などの解釈が必要となる。

条約の解釈の主体は、第一次的には、二国間条約の場合には両締約国、多数国間条約の場合にはそれぞれの締約国ということになる（有権

的解釈権と呼ばれる)。裁判所（国際裁判所と国内裁判所）による解釈がなされれば，それを紛争当事者は守らなければならない。ただし，裁判所による解釈はそれぞれ個別に行われ，それらを統合するようなシステムは存在していない。

　さらに，国際社会に特有の問題があることには，注意する必要がある。1つは，前述したように，留保と解釈宣言の厳格な区別がときに困難であることに示されているように，条約の解釈なのか，あるいは，解釈を越える行為であるのかが，かならずしも判然としないことがあるということである。

　また，条約が国家間の妥協として作成されたために，条文の規定そのものが意図的に曖昧にされているということもときに存在する。

　なお，慣習国際法についても解釈が必要であると主張されることもあるが，かならずしも一般的ではない。

（2）解釈の方法・技法

　法の解釈の方法・技法は，中世ローマ法以来さまざまなかたちで発達してきた。文理解釈，体系解釈，目的解釈が主な解釈の方法であり，拡張解釈，縮小解釈，反対解釈，類推解釈が主な解釈の技法である。

　こうした国内法の解釈の方法・技法を参考としながら，条約の解釈については，主観的解釈（意思主義），客観的解釈（文言主義），目的論的解釈の3つが代表的な解釈の方法とみなされてきている。

　国内法と異なって条約で問題となるのが，複数の言語によって条約が作成されることから生じる正文の問題である。通常は複数の正文が等しく権威をもつとされ，相互間に意味の相違がある場合には，条約の趣旨・目的を考慮して最大の調和がはかられる。正文間の相違はかなりの頻度でみられる（たとえば，国際司法裁判所規程41条)。

学習課題

1. 法の欠缺が存在するとみなされる場面を，法源との関連で場合分けして整理してみよう。
2. 強行規範が国際法の根本的なあり方をゆるがすといわれるのは，なぜであろうか。

参考文献

江藤淳一『国際法における欠缺補充の法理』（有斐閣，2012年）
坂元茂樹『条約法の理論と実際』（東信堂，2004年）
広中俊雄『契約法の研究』（第4版，有斐閣，1967年）
村瀬信也『国際立法』（東信堂，2002年）

4 国際法と国内法の関係

≪学習のポイント≫　国際法と国内法の関係については19世紀末から一元論と二元論の論争が始まった。その論争は，国際法が国内法と同じ意味での法といえるかという問いを背景としていた。歴史的には，はなはだ重要な意義のある論争であった。現在ではしかし，国際法秩序と国内法秩序を分けて，実際的な場面での，両者の関係が問題とされる。
≪キーワード≫　一元論，二元論，一般的受容と変型，直接適用可能性，間接適用

1．歴史的論争

（1）一元論対二元論

　19世紀末から20世紀前半にかけて国際法学者の間で盛んに議論されたのが，国際法と国内法の妥当性の連関をめぐる問題であった。すなわち，国際法が法秩序としてどのような基盤のうえに成り立っているか，そして，その国際法秩序と国内法秩序との関係はどのようになっているかという問題である。それは，はなはだ抽象的な問題である。現在から振り返ると，無意味で，実益のまったくない論争であるかのようにみえるかもしれない。しかしながら，独自の法規範として国際法が存立できるかという問題にとって，それはこの上なく重要な論点であった。

　こうした問題設定の背景となっているのは，国際法が国内法と同じ意味での法といえるかという問いかけである。いいかえれば，国際法の，

法としての拘束力の根拠は国内法と同じようなかたちであり得るかという問いかけであった。

　国際法と国内法の妥当性の連関の問題という問題設定は，究極的には，法規範としての国際法の存在を否定しようとする論者に対して，有効に反論するための道具立てとしての意味を濃厚にもっていたという事実には注目しておく必要がある。

　この問題について最初に本格的な考察を加えたのが，トリーペルの『国際法と国内法』（1899年）である。トリーペル31歳のときの著作である。本書はそのドイツ語がそもそもかなり難解であるが，なによりもその内容がはなはだ難解である。また，序論で展開されている議論と本文で展開されている議論とがかならずしも一致していないのではないかとの疑念もある。

　もっとも，トリーペルの理論として，すなわち，「二元論」として後の人々に一般に受け止められていった理論は，明瞭である。2つの側面において，すなわち，法によって規律される生活関係・社会関係についても，法の淵源である意思，つまり法源についても，国際法と国内法はまったく別個の法秩序であり，両者が交わることはあり得ないとする考えである。

　こうした二元論に対して主張されたのが，国際法と国内法は1つの統一法秩序を構成しているのであって，それぞれが上位・下位の法規範秩序をなしているとみなす，一元論の考えである。これには2つの態様がある。

　1つは，国際法の拘束力を複数の国家の共同意思にではなく，国家単独の意思に基礎付ける考えである。それは結局のところ国際法の妥当根拠を国内法に基礎付けることになり，国内法が国際法に優位するとみなすことになる。国内法優位の一元論と呼ばれる考えである（ツォルン，

ヴェンツェルなど）。

　もう1つの考えは，国内法の妥当根拠は国際法に求められ，国際法に違反する国内法は当然に無効であるとするものである。国際法優位の一元論と呼ばれる（ケルゼン，クンツ，横田喜三郎など）。

（2）論争の歴史的意義

　以上のような論争は，国際法の法規範としての基本的性格についての，意義深い検討に基づいており，「国際法学説史上最大の論争点の1つ」[1]と評されることもある。

　論争が歴史的に大きな意義をもっていたことは間違いない。しかし当時においてすでに，これらの理論がどこまで各国の実行と適合していたかについては疑わしいといわざるをえない。どの理論も現実の国家実行と合致しているとはいいがたいのである。

　この点に着目して，国際法と国内法を等位の関係に置き，相互間に生じる義務の抵触については調整による解決に委ねようとする立場が主張されるようになっている。「等位理論」あるいは「調整理論」と呼ばれる考えである[2]。もっとも，二元論との違いがどこかにあるのかなど，この立場に対する批判も相当に強くあり，現段階で一般的に受け入れられている理論になっているとはいいがたい。

　現在では，こうした，はなはだ抽象的な問題設定ではなく，次節以下で述べるように，国際法秩序における国内法と国内法秩序における国際法という2つの分野に分け，それぞれについて現実のあり方がどのようになっているのかを説明するという方式が一般的である。

　国家間の関係において，それぞれの国家の国内法がどのような役割を担っているかというのが前者の側面である。

　これに対して，後者の，国内法秩序における国際法の側面は，それぞ

1）　田中　忠「国際法と国内法の関係をめぐる諸学説とその理論的基礎」広部和也・田中　忠（編）『国際法と国内法』（勁草書房，1991年）31頁。
2）　山本草二『国際法』（新版，有斐閣，1994年）85-86頁。

れの国家においてその国家が遵守すると約束している国際法（条約と慣習国際法）がどのような地位をもっているかという点を問題とする。いいかえれば、その国際法が国内法制のなかにどのように位置付けられ、国際法上の権利・義務がそれぞれの国内においてどのようにして実現されるかという点に着目する。

2. 国際法秩序における国内法

（1）国際法秩序における国際法の優位

　国家間の関係が問題となっている局面において、つまり国際法秩序において、国家は自国の国内法をもちだして、国際法上の義務を履行しないことを正当化することはできない。国内法援用禁止の原則と呼ばれる考えである。イギリスが外国入隊法を援用して、国際法上の中立義務の不履行を正当化しようとしたアラバマ号事件がリーディング・ケースである（1872年米英仲裁裁判決）。

　この場合、国際法に違反する国内法はただちに無効となるわけではない。国際法上の義務を履行しない国家は、国際法上の国家責任を問われることになるだけである。「国際法秩序における国際法の優位」とは、下位にある法を無効とする効果をもっている、国内法秩序における優劣関係とは意味が異なっている。

（2）国際裁判における国内法の地位

　国際裁判所が裁判準則として用いるのは国際法である。通常は、国内法を直接に適用して判断することはないし、国内法そのものを解釈する権限もない。ただし、国際裁判所は、国家が国際法上の義務を履行しているかを判定する際の証拠として、国内法を参照することがある。その

場合，国内法は国家の意思を表明しその活動を構成する単なる事実にすぎないとみなされる。

　国際裁判所は，国内法が国際法と合致しているかを判定し，国際法に違反しているとの結論に至ったとしても，その国内法が国内的に有効であることを否定できない。国内法の国内的効力はそれぞれの国家の国内の裁判機関が判断することである。

　もっとも，国際法の基準に適合しない国内法は他国に対して有効に適用できると主張できない（他国に対する「対抗力」がないという表現がなされる）という判断を国際裁判所がすることは，ときとしてある。そうした国内法を根拠とする国家の行動は，国際的な場面では，有効な法的根拠をもつとはみなされないことになる。

　「真正な結合」がない外国人に国籍を付与した，リヒテンシュタインの国内法令は，国籍が外交的保護権を行使する効果をもつための要件に関する国際法の基準に合致しておらず，国籍を根拠として行使される同国の外交的保護権（この権利については7章参照）は，この場合には認められないとしたケースが典型例である（1955年ノッテボーム事件ICJ第2段階判決）。

　他にも，領海の幅を測定するための基線として直線基線を定めたノルウェーの勅令（1951年漁業事件ICJ判決），12カイリの漁業管轄水域を設定したアイスランドの沿岸漁業水域法（1974年漁業管轄権事件ICJ判決）などの例がある。

3．国内法秩序における国際法

（1）国際法の国内的効力

　国内法秩序における国際法（条約と慣習国際法）の問題は，以下のよ

うな3つの問題に分けて説明されるのが現在では一般的である。

　第1は，国際法の国内的効力の問題，すなわち，どのようにして国際法がそれぞれの国家の国内法秩序に編入され，国内法規としての効力（＝国内的効力）をもつかという問題である。

　第2は，国際法の直接適用可能性の問題，すなわち，国際法を，ある国家内の私人同士，あるいは国家機関と私人の関係を規律する法とみなすことができ，最終的には国内裁判所がその国際法を直接に適用して裁判を行うことができるかという問題である。

　そして最後が，国際法の国内的序列の問題，すなわち，国際法が国内法の序列（段階的構造）のなかでどこに位置付けられるか，具体的には，法律あるいは憲法の上位なのか下位なのかという問題である。

　これら3つの問題を截然と区別することが，国内法秩序における国際法の問題を理解するために肝要である。

　まず，第1の問題についてであるが，国家が遵守すると約束した国際法（条約と慣習国際法）が，その国家の国内において国内法規としての効力をもつことは，国際法そのものが求めている。国際法上の義務を履行するためには，国内の体制が整っていなければならず，そのためには国際法の国内的効力が必要とされる。法としての効力を国内においてもつことから，その国内のすべての人々――国家機関も含めて――にはその法を守る，（国内法上の）義務があることになる。

　もっとも，どのような方式によって，国際法の国内的効力が確保されるかは，それぞれの国家がその国内法によって定める。どのような方式をとるかは各国に委ねられている。

　まず条約については，一般的受容の方式と変型の方式の2つが存在している。前者は，日本，アメリカ，中国など多くの国家において採用されている方式である。条約が国家の国内的な手続を経て公布・公表され

ると，条約そのものがその時点から国内的効力をもつとみなされる。

　たとえば，日本においては，国会承認条約の場合には暦年ごとに番号が振られ（たとえば，国際連合憲章は条約26号），条約条文そのもの（正文が日本語でない場合には公定訳）が全体として官報に掲載される。行政取極の場合には，外務省告示として官報に掲載される（たとえば，1983年の米国との武器技術供与取極は外務省告示357号）。

　これに対して，変型の方式を取る国家においては（イギリスやスカンジナビア諸国など），条約の内容を国内法のなかに移し替えることが必要とされる。具体的には，条約の内容に合わせるかたちでの既存の国内法の改正，条約の内容を取り入れた新たな特別法の制定，特別法の付則として条約条文を掲げること，などの方法がある。いずれの方法についても，条約そのものが国内法として包括的に受容されて国内において効力をもつのではなく，国内法の形式に変型されることになる。

　慣習国際法については，どの国家においても，特段の国内的な措置を取ることなく，国内的な効力を認められている。「国際法は国法の一部である」（ブラックストーン。1769年）という原則である。これは不文の法であるという性格に基づいている。こうした方式はときに「編入理論」と呼ばれることもある。もっとも，「変型」や「編入」という用語は人によりかなり使われ方が異なることには注意が必要である。

（２）国際法の直接適用可能性と間接適用

　国際法がある国家において国内的効力をもつということは，そのように国内的効力をもつことになった，すべての国際法が，ただちに，その国内の，国家機関と私人の関係，あるいは私人同士の関係を直接に規律することになり，裁判所が裁判基準として直接に適用できるようになることを意味するわけではない。

条約について変型方式をとる場合には国内法に置き換えられているために，こうした問題は生じないこともあり得る。しかし，付則に条約条文が掲載されているようなケースでは，一般的受容の方式をとる国家における場合と同様に，こうした問題が生じることがあり得る。

　この問題については，従来は「自動執行性（self-executing）」の有無によって判断すべきであるとの考えが主張されてきた。しかし，この用語は多義的であることから，現在では「直接適用可能性」（あるいは「国内適用可能性」）によって説明すべきであるとする考えが有力に主張されている。国内的効力をもつ国際法が，それ以上の措置なしに，国内において直接適用できるかという点を重要とみなす考えである。この考えによれば，直接に適用可能である国際法（条約と慣習国際法）と可能ではない国際法とが区別されることになる。

　直接適用可能であるとみなされる国際法（条約は条文ごとに判断される）は，次のような具体的な意味をもつ。すなわち，私人は，国家機関との関係，あるいは他の私人との関係を直接規律するものとして，その国際法を援用することができるし（たとえば人権条約を援用して人権侵害を主張する場合），行政機関はみずからの行政措置の根拠とできる。そして最終的には，国内裁判所は，その国際法を直接適用して裁判を行うことができる。

　問題は，直接適用可能性の有無を判断する基準である。これについては現在かならずしも意見の一致はみられない。国家ごとにその基準は異なっており，ある条約のある条文が，ある国家では直接適用可能性が認められ，他の国家では認められないということもあり得るとみなすのが一般的である。

　区別の基準として以前挙げられていたのは，締約国の意思であるが，現在ではそうした考えはあまり支持されていない。現在有力に主張され

ているのは，条約規定の規範内容が明確であるかという点である。そして，その明確性は，条約の規定の仕方，それぞれの国家の国内法制などにより，変化し得るものとみなされている。

　最近の例としては，国際物品売買契約に関する国際連合条約（ウィーン売買条約）が直接適用可能な条約とみなされている（日本については2009年に効力発生）。日本の国内裁判所では，人権条約がよく問題とされる（たとえば，自由権規約7条——拷問または残虐な刑の禁止——，14条1項や3項（ｆ）——公正な裁判を受ける権利——など）。

　最近の現象としてみられるのが，国際法の間接適用である。直接適用可能性が認められない国際法であっても，国内裁判所が，憲法を含む国内法規を解釈する際の基準として国際法を用いることがある。国際法が直接適用されているわけではなく，国際法の趣旨に沿ったかたちで解釈された国内法規が裁判基準として用いられるので，国際法の間接適用と呼ばれる。

　たとえば，公衆浴場への外国人の入浴を禁止した措置について，民法1条，9条，709条などの国内法の規定を自由権規約26条——法の前の平等・無差別——や人種差別撤廃条約5条（ｆ）——無差別・法の前の平等——と6条——人種差別に対する救済——の規定と適合するように解釈して，その国内法を適用した事例がある（小樽入浴拒否事件，札幌地判平14・11・11）。

（3）国際法の国内的序列

　国内的効力をもつ国際法（条約と慣習国際法）が，国内法の序列（憲法—法律—政令—内閣府令・省令）のなかで，どこに位置付けられるかが，国際法の国内的序列の問題である。国際法の国内的効力順位と呼ばれることもある。この序列は各国が国内法に基づいて自由に決定できる

事項である。どのような順位に置かれようとも，基本的には国際法上は問題がない。

条約については，法律との関係では，同位とするか（アメリカ合衆国の連邦法との関係），法律よりも条約が優位にあるとするかのどちらかとするのが一般的である。

日本においては，憲法98条2項で国際法の誠実な遵守義務が定められているのみであり，これに関する明文の規定はない。しかし，現在では，誠実な遵守義務の規定や国会の承認が必要であることなどから，国会承認条約については，法律よりも上位にあるとする考えが一般的である。行政取極についてはあまり問題にされることがないが，法律事項を含めば国会承認条約になるので，行政取極が法律と抵触することはあり得ない。一般的には命令（政令や内閣府令・省令など）と同じ序列にあるとみなされている。

条約と憲法の関係については，憲法と同位あるいは憲法に優位するとする国家は少ない（オーストリアとオランダ）。一般には憲法が条約に優位するとされている。

日本においては，憲法優位説と条約優位説の対立が戦後かなり長い間続いた。激しい論争の理由の1つは，日本国憲法が明確に採用している国際協調主義を重視する立場が，かなり広く支持されてきたことに求められる。しかし，現在では憲法優位説が支配的である。条約の締結手続のほうが憲法改正手続よりも簡単であること，憲法の規定の解釈上，条約も違憲審査の対象になり得ることなどが理由として挙げられる。最高裁は砂川事件において，憲法優位説に立つことを明確にしたと一般にはみなされている（最大判昭34・12・16）。

慣習国際法の国内的序列も問題となる。法律よりも下位にあるとする国家もあるし（イギリスなど），優位とする国家もある。日本では憲法

98条2項を根拠として，慣習国際法が優位とされる。憲法との関係については，一般にはどこの国家においても憲法のほうが優位すると考えられている。

　最後にもう一度，国内法秩序における国際法の問題については，国際法の国内的効力，国際法の直接適用可能性，国際法の国内的序列の，3つの問題を截然と区別することが必要であると述べたことを想起してもらいたい。直接適用可能性が認められない国際法であっても，第1に述べた国内的効力は認められる。そうであるとすると，直接に適用可能ではないのに，国内的効力があるという場合，その国内的効力とは，そもそもどのような実質的意味をもつのであろうか。

　国際法が国内的な効力をもつというのは，憲法，法律，政令，内閣府令・省令，条例，規則などの国内法規と同じ意味で，国内において法として妥当しているということを意味している。そして，それらの間には序列がある。その結果として生まれるのが，国内法との抵触の問題である。

　たとえば，「一般的受容の方式」をとる国家において，条約が法律より上位にあり，憲法よりも下位にあるとされる場合，条約に反する法律があれば，その法律は，上位の条約に反するため無効であるとみなされる。直接適用可能性を認められないような条約の条文であっても，こうした優劣関係において意味をもつことがあり得る。日本の裁判所で現に問題となったのが，受刑者接見妨害国家賠償請求事件である。これは，受刑者の接見を30分に制限する監獄法施行規則121条が，公正な裁判を受ける権利を規定する自由権規約14条1項に違反していて無効であるかが争われた事件である。高松高裁は無効であると判断した[3]。

　もっとも，国家は条約を批准する際には，通常既存の国内法の調査を徹底的に行い，当該条約に違反するような国内法規がある場合には，事

3）　高松高判平9・11・25。

前にそれを改廃するのが一般的である。たとえば，日本は1985年に女子差別撤廃条約を批准するにあたり，その条約に規定される男女平等の原則に照らし，事前に既存の国籍法を改正し，国籍取得について，従来採用していた父系血統主義から父母両系血統主義へと変更した。

また，1996年に国連海洋法条約を批准するにあたり，領海及び接続水域に関する法律の改正がなされるとともに，排他的経済水域及び大陸棚に関する法律，排他的経済水域における漁業等に関する主権的権利の行使等に関する法律，海洋生物資源の保存及び管理に関する法律（TAC法），深海底鉱物暫定措置法など多くの法律が制定され，国内法整備が行われた。

学習課題

1．国際法と国内法の関係に関する論争の歴史的意義についてまとめてみよう。「等位理論」が主張されるようになった背景はどこにあるか。
2．裁判において無料で通訳の援助を受けることという条項（自由権規約14条3項［f］）は，直接適用可能性があるといえるか。

参考文献

岩沢雄司『条約の国内適用可能性』（有斐閣，1985年）
高野雄一『憲法と条約』（東京大学出版会，1960年）
田畑茂二郎『国際法Ⅰ』（新版，法律学全集，有斐閣，1973年）
広部和也・田中　忠（編）『国際法と国内法』（勁草書房，1991年）

5 | 国際法の主体―国家と非国家主体―

≪**学習のポイント**≫　国家の資格要件はどのようなものであり，どのようにして他国から国際法上の国家として受け入れられるか（国家承認）について解説する。国際組織や個人などの非国家主体が一定の範囲で国際法の主体とみなされるようになってきていることについても説明する。
≪**キーワード**≫　国際法上の国家，国家承認，国家承継，非国家主体

1. 国際法上の国家

（1）国家と国際法

　第 1 章で，近代ヨーロッパ国際法は，近代諸国家体系を形成している個々の国家＝近代国家の間の関係を規律する法として成立したことを説明した。この近代国家は，古代ギリシアの都市国家（スパルタやアテネなど），古代ローマ帝国，中国の歴代の諸王朝（秦，漢，元，明など），イスラーム世界の諸王朝（ウマイヤ朝やアッバース朝など），さらに明治維新以前の「日本」などとは，その本質を異にする存在とみなされる。それでは，「近代国家」とはいかなる存在なのであろうか。

　近代ヨーロッパのなかで成立していった国家の具体的なあり方をみると，実は，理論的にも実際上も，歴史的にかなりの変遷がみられる。15 世紀から 17 世紀ぐらいまでの時代においては，君主個人と国家が同一視される考え――「家産国家」と呼ばれる考え――が一般的であった。王家の財産と国家の財産は同一視され，「国家」間の合意とは，君主個人

同士の契約という色彩の強いものであった。

　しかし，17世紀後半ぐらいから，君主という物理的存在と切り離して，抽象的な人格として国家をとらえるという理論が唱えられるようになった（プーフェンドルフやホッブズ）。また，対内主権と対外主権の2つの側面をもつ主権を保有する国家，つまり主権国家概念も，18世紀中葉以降次第に広まっていった（ヴァッテルなど）。

　18世紀後半から19世紀初頭ぐらいまでには，法的人格と構成される国家が実態として存在するようになり，主権国家としての国家，つまり近代国家の間の法として国際法をとらえることができるようになっていった。

　もっとも，19世紀を通じて国家の実態をめぐる議論は引き続きなされた。とくに19世紀中葉以降一般的になっていくのが，「文明国」の法として国際法をとらえるという考えである（第1章で紹介したオッペンハイムを参照）。

　現在では，ヨーロッパ文明国のみを国際法上の国家とみなす考えはみられない。「多文化世界」を構成する主権国家が国際法上の国家とみなされている。

（2）国家の資格要件

　国際法上の国家は主権国家である。その主権国家であることをもっと具体的な要件としてとらえるのが，国家の資格要件である。国際法上の国家であるための要件としてなにがあるかということである。19世紀末，とくにイェリネックなどの学者を中心として展開された一般国家学のなかで精緻化されていった，国家の三要素（領域・人民・権力）の考えを下敷きとしている。

　現在でも国家の資格要件としてよく引用されるのは，1933年のモンテ

ビデオ条約（米州諸国の16ヵ国が締約国）1条である。明確な領域，永久的住民，政府，他国と関係を取り結ぶ能力の4つが要件として挙げられている。

　一定の範囲の地域（陸地）──「領土」──の上に，一定の数の住民が住み続け（住民の世代交代は当然生じる），そしてそこには統治機構としての政府があって，他の国家との外交関係を設定できる能力（＝外交能力）のある存在が，国際法上の国家とみなされるわけである。

　こうした4つの要件のほかに，「正統性」という要件も求められるとする考えが最近強く主張されるようになってきている（この点は，次節の国家承認で述べる）。

（3）分離独立による国家形成

　国家が成立する形態については，歴史的にはさまざまなものが存在した。現在，国際法上とくに問題となるのは，分離独立，分裂，合併・結合など，現に存在する国家とのかかわりのなかで形成されるものである（3節の「国家承継」をも参照）。これらのなかで国家の形成ということそのものの点から問題とされてきたのが，分離独立の場合である。第二次世界大戦以後，とりわけ1960年代以降，ヨーロッパ諸国の植民地であったアジア・アフリカの地域が，すべての人民の自決権を実現するために，続々と独立していった。1960年の植民地独立宣言は，国際法上の権利としての自決権を明確に規定した。

　さらに近年大きな問題となっているのは，旧植民地の独立とは異なり，既存の国家のなかの一部の地域に住む民族集団が，その国家から分離して新しい国家を形成できるかということである。ケベック州，カタルーニャ州，バスク地方など，現に大きな問題となっている地域はかなりの数にのぼる。これらについては，自決権には，独立するかどうかに

ついて民族みずからが決定できるとする外的自決と，その国家のなかで国家のあり方を決定できるとする内的自決の2つがあるとされることがある。さらには，著しい人権侵害がなされているとか，著しく政治参加が制限されているなどの場合には，その民族には分離独立の権利（外的自決）が認められるとする「救済的分離」の考えも主張されている。ただ現行国際法上は，こうした分離独立をどこまで認めるかについての明確なルールは存在しない。

2. 国家承認

(1) 国家承認の意義

近代ヨーロッパ国際法の成立時点で一定の数の国家群が存在したのはいうまでもない事実である。国家の存在と国際法の存在は表裏一体であり，一定の数の国家群が存在しなければ，国際法が存在するはずもない。フランスやイングランドなどの諸国家は，国際法の存在の時点で事実上存在していたととらえられる。

むろん神聖ローマ帝国を構成する諸領邦が国際法上の国家ととらえられるかは，ウェストファリア条約の締結以降も，理論上も実践の上でも争われ続けた問題であった。とりわけ，諸領邦に使節権や同盟権などがあるか，ひいては神聖ローマ帝国そのものを国家とみなすことができるかという点をめぐって，19世紀初頭に至るまで活発な議論が行われた[1]。こうした議論が，国際法上の国家とはなにか，国家の主権（主権と半主権との区別など）とはなにかという理論を精緻化していくのに貢献したことは間違いない。

国家承認論は，これらとはまったく異なる文脈のなかで編み出された理論である。それまでスペインやポルトガルの植民地であった中南米地

---

1) 代表的な事例は，1676年から78年にかけてのナイメーヘン講和会議である。このときフランスは，ロートリンゲン公などの諸侯の使節権を否定し，会議への参加を拒絶したため，大きな政治問題となった。

域で，19世紀前半に次々と独立を宣言して新国家が成立していった。これらの新国家を国際法上の国家として認定できるかどうかについて，既存のヨーロッパ諸国は，国家承認論という新しい理論を適用して，みずからが承認した国家についてのみ，国際法上の主体とみなされるという立場を取った。つまり国家承認とは，ヨーロッパ文明国からなる「社交クラブ」への入会許可とでも呼ぶべきものであった。

　国家承認論は，以上のような政治的意図を濃厚にもっていた。ヨーロッパ諸国が求める国家の資格要件を満たし，そのうえでヨーロッパ諸国から国家承認を受けた新国家のみが，国際法上の国家とみなされる。「創設的効果説」と現在呼ばれる考えである。

　現在ではしかし，国際社会の構造転換を受けて，国家承認論は違う効果をもつ理論としてとらえられるのが一般的である。国家の資格要件を満たせば，ただちに国際法上の国家となるのであり，他国による国家承認はそうした事実を確認・宣言する効果のみをもつとみなされる。「宣言的効果説」と呼ばれる考えである。

　こうした効果をもつ国家承認は，既存の国家の義務ではないとみなされる。すなわち，かりに国家の資格要件を満たしているとしても，国家承認を行わない既存国家は，国際法に違反しているとはみなされない。この側面を強調して，国家承認は法的行為であるというよりは，政治的行為にすぎないというとらえ方が主張されることもある。

　現在のように宣言的効果説を取るときに，国家承認の主な意義は，新国家＝被承認国が国際法上の国家であることについての確定的な証拠であるという点にあることになる。国家承認はしかし，国家の義務ではない以上，既存国家の裁量に依拠している部分が多いということもまた事実である。

　たとえば，日本は北朝鮮（朝鮮民主主義人民共和国）を国家承認して

いない。また，国際司法裁判所の勧告的意見（2010年7月22日）で独立宣言が国際法に違反していないと判断されたコソボ共和国については，110ヵ国あまりの国家が国家承認をしているにすぎない。また，日本が2015年5月に国家承認したニウエについては，日本以外には10ヵ国足らずしか国家承認していない（2018年6月現在）。なお，多くの国家が国家承認しているが，国連の加盟国となっていない唯一の例が，バチカンである。国家承認をされていない「国家」，つまり未承認国家と，国家承認を与えていない国家との関係をどのようにとらえるか，つまり未承認国家の地位の問題については後述する。

(2) 国家承認の要件

19世紀半ばに国家承認論が登場した頃には，承認の要件として「文明国」が挙げられた。これは当時の国家観からすれば当然のことである。現在ではしかし，さきに挙げた国家の資格要件を満たしていることが承認の要件とされる。

問題は，これに加えて，「正統性」の要件が必要であるかという点である。国際法上適法な方法で国家が成立したかという点を要件とすべきという考えである（「非承認主義」）。その具体的内容についてはいくつかの考えがあるが，とくに自決権の原則に合致するかたちで成立したかという基準が重要とされる。

また，武力不行使原則に反する方法で国家が成立した場合には，国家承認すべきではないという慣習国際法が成立しているとみなされる。

(3) 政府承認

国際法上の国家として存在している国家において，革命やクーデターなど，その国家の憲法に違反するかたちで政府の交替が生じた場合に，

問題となるのが政府承認の制度である。「政府の形態が変更しても国家は変更しない」という原則（「国家同一性の原則」）があるため，政府の交替が行われてもその国家そのものは存続しているとみなされる。そのため，国家承認は必要とはされない。

憲法に則して政府の交替が行われたときには，政府承認は必要とはされない。政府承認の意義は，新政府がその国家を対外的に代表することを認定し，その国家との間に国際法上の権利義務関係が存続することを再確認する点にある。

政府承認の要件として挙げられるのは，実効的支配の原則である。新政府が国家領域のほぼ全域を実効的に支配しているという事実である。

こうした「事実主義」の考えとは異なり，人民による支持の表明とか人権の保障などといった要因も必要であるとするのが，「正統主義」の考えである。国連の実行では，後者の考えが採用されているとみなされる（1994年のハイチ問題など）。

国家承認の場合と同様，政府承認についても，要件を満たしたとしてもその政府を承認すべき国際法上の義務が，既存の国家にあるわけではない。政府承認の場合には，「実効的支配」の認定そのものに国家の裁量が働く余地が大きいため，政府承認そのものが一段と政治的な性格を帯びていることになる。

革命が起きて内戦状態になったときに，既存の政府を支持するのか，あるいは革命を起こしたグループを支持するのかという立場の違いにより，政府承認を行うかどうか，またどの段階で政府承認を行うのかという点に影響があるとみなされる。たとえば，2011年3月のリビア内戦の際の，フランスによるリビアの政府承認をその例として挙げることができる。

政府承認制度の，こうした本質からして，政府承認制度そのものの廃

止を明確にしている国家も存在する。たとえば，アメリカ合衆国やイギリスである。もっとも，政府承認行為をいっさい行わないとしても，当該国家の新政府との公式の関係をどこかの時点で開始すれば，それは結局，政府承認行為と同じ効果をもたらすことになるのではないかともとらえられる。

(4) 承認の方式と効果

　国家承認にしろ，政府承認にしろ，その承認の方式と効果は基本的には同一である。

　承認の方式としては，明示的承認（書簡や宣言などにより承認の意思を直接表明する方式）と黙示的承認（外交使節の派遣・接受，二国間条約の署名などにより間接的に表明する方式）の区別のほかに，法律上の承認と事実上の承認の区別がある。法律上の承認は取消や撤回ができないが，事実上の承認は，事後に取消のできる，暫定的な行為とみなされる。

　承認の要件を満たしていない段階で承認を行った場合には，「尚早の承認」とみなされ，国際法上違法とされる。さきに挙げた，フランスによるリビアの政府承認はまさしくこの尚早の承認ではないかともとらえられる。

　承認は既存の国家による一方的行為であり，外交関係の開設のような，両国の同意に基づく双方的行為とは概念上区別される。この関連で問題となるのは，未承認国家（政府）が多数国間条約の締約国となったり，国際組織へ加入したり（「集団的承認」）する場合である。多数国間条約については，他の条約締約国がただちにその未承認国家に承認を与えたとみなすのは困難である。国際組織の場合も，加盟承認と国家承認とは別個の行為であるとされるのが一般的である（1991年の北朝鮮の国

連加盟の例)。ただし，加盟に賛成した国際組織加盟国は，承認を与えたことになるとされることもある。

　未承認国家（あるいは未承認政府）が，いまだ承認を与えていない国家に対してどのような地位にあるのかは，現実にも大きな問題をもたらす。未承認国家は一般国際法上の権利義務をどの程度主張できるか，多数国間条約の締約国となったときに他の条約締約国との間にその条約の権利義務関係が適用されるか，さらには，国際社会全体に対して負う義務（「普遍的義務」と呼ばれる）は未承認国家にも適用されるか，などといった問題である。

　また，承認と国内裁判との関係――未承認国家の法令の適用可能性，当事者適格，国家免除など――も，実務上大きな問題である。

　日本で起きた比較的最近の事例としては北朝鮮著作権事件がある。日本のテレビ局が北朝鮮で作成された映画を事前の許可なく放映した行為が，著作権を規定するベルヌ条約に違反するかが争われた事例である（最判平23・12・8）。

3. 国家承継

(1) 国家承継の意義

　国家承継とは，国内社会の相続に相当するような制度である。すなわち，分離独立，分裂，合併・結合などにより，既存の国家（＝先行国）の，国際法上の権利義務や国家財産・債務などが，どのようなかたちで承継国に引き継がれるかという問題である。ソ連邦やユーゴスラビア連邦の解体，西ドイツによる東ドイツの吸収合併など，いくつもの重要な事例があり，実務上も重要な問題である。

　これについては，住民の国籍，国家契約，私人の権利など，多くの問

題があるが，ここでは，一番大きな問題となる，条約の国家承継と国家財産などの承継の2つの問題を簡単に紹介するにとどめる。

（2）条約の国家承継

　先行国の締結していた条約を承継国がすべてそのまま引き継ぐことになるかというのが，条約の国家承継の問題である。これについては，すべて承継されるとする考え（「包括的承継説」）と，承継するかどうかは承継国の意思によるとする考え（「クリーン・スレート〔きれいな経歴〕原則」）の2つが対立している。承継国としては後者の立場が有利であるし，他の国家は前者を主張する。

　1978年に採択された条約に関する国家承継条約では，新独立国については，クリーン・スレート原則の適用を基本とした（16条）。ただ，この条約の締約国数は20余りにすぎず，これが一般的な原則といえるかは疑問である。

（3）国家財産などの承継

　先行国の財産，公文書，国家債務などが承継国にどの程度承継されるかも重要な問題である。これについては，1983年に国の財産，公文書および債務に関する国家承継条約が採択されたが，批准する国家が少なく，未発効である。

4．非国家主体

（1）国際組織

　近代国際法が生まれた時点では，国家のみが国際法の形成・適用・解釈にあたる直接の担い手であるとともに，国際法上の権利・義務を享有

する主体であった。それは自明のことであり，そのため，国際法主体性論という議論の枠組みも存在しなかった。存在したのは，どのような国家が国際法上の国家とみなされるかという問題のみであった。たとえば，連邦の構成国とか国家連合などは，そうした国家といえるかという問題である（さきに挙げた，神聖ローマ帝国と諸領邦の地位もこうした問題のなかに含まれる）。

　ところが，20世紀になって，個人の出訴権や請願権を認める条約が締結された（中米司法裁判所や混合仲裁裁判所への個人の出訴権，少数者である個人の請願手続など）ために，とくに戦間期において，個人の国際法主体性が認められるかという論争が活発に行われることになった。それは，国際法上の個人の権利義務が規定されていれば主体性が認められるのか（「実体法基準説」），あるいは，国際的な場面で権利義務を実現できる手続（とくに国際裁判所への出訴権）までもが整備されていなければならないのか（「国際的手続説」），という点をめぐる論争であった。

　これに加えて，とくに第一次世界大戦後，国際連盟や国際労働機関などの国際組織の数が増え，またその活動も活発になるにつれ，国際組織の国際法主体性も問題とされるようになっていった。

　現段階においても，国家が生得的・根源的な国際法主体であるという点には変化はない。ただ，個人，法人，NGO，国際組織などの非国家主体が，国際社会において果たしている役割はますます増大してきており，一定の範囲で国際法主体とみなすことができるようになってきている。国家が能動的主体，あるいは第一次的な国際法主体であり，非国家主体は受動的主体，あるいは派生的・第二次的な国際法主体であるとされることもある。

　国際組織についてみると，その態様は多様である。数百人規模の職員

の組織（たとえば国連貿易開発会議）から，1万人を越える組織（たとえば世界銀行）もある。その財政規模も実にさまざまである。

　国際組織が国際法の主体であるか，いいかえれば，国際法の形成・適用・解釈にあたる直接の担い手であるとともに，国際法上の権利義務を享有する主体でもあるかについては，国際組織に法人格があるかというかたちで議論されてきた（法人格とは元来は国内法上の概念である）。この議論は，国連損害賠償事件（国連が中東に派遣した調停官のベルナドッテ伯が現地で殺害されたことについて，国連が賠償請求権をもつかが争われた事件）についての国際司法裁判所の勧告的意見が出された後に（1949年4月11日），とくに活発になされるようになった。

　最大の論点の1つは，国際組織の法人格の法的根拠である。国際組織の法人格は，国際組織を設立する条約（「設立文書」）に基づいて付与されるのであり，国際組織が実際にどのような権利義務をもつかはその条約により判断されるとする見解である（「主観説」）。もう1つの見解は，国際組織であれば当然に法人格があり，一定の権限が与えられているとみなす（「客観説」）。

　現在では前者の考えが一般的である。ただし，前者の見解でも，黙示的権能説（設立文書に明文で規定されていなくとも，必要な推論により任務の遂行に必要な権限を付与できるとする考え）をとれば，両者の見解の相違は実際上あまり存在しないことになる。

　一般に国際組織に認められる，国際法上の主要な権利能力としては，外交能力，条約締結権，特権免除，国際責任などがある。

（2）個人

　戦間期に個人の国際法主体性論争があったことはすでに述べた。現段階においても，どのような場合に個人に国際法主体性が認められること

になるかについて見解は一致していない。この問題には，現在は，個人の国際法上の権利と個人の国際犯罪という2つの側面がある。

　第二次世界大戦後，とくに人権の国際的保障や投資紛争制度が進展し，個人の国際法上の権利が認められることが飛躍的に多くなってきた。数多くの人権条約では個人の人権を保護する義務が締約国に課されているし，いくつかの条約では個人の国際裁判所への出訴権や人権委員会への通報権・申立権が規定されている。また，投資紛争解決国際センター（ICSID）では，投資受入国と投資家との紛争の解決がなされることになっている。

　さらに，国内裁判所において個人の国際法上の権利義務が直接国際法に基づいて判断されることもある（4章の条約の直接適用可能性を参照）。

　戦間期の議論，すなわち，実体法基準説と国際的手続説の対立は現在も続いている。もっとも，個人の国際法主体性が認められるかという，いわば抽象的な議論よりはむしろ，国際法の規定がどの程度個人の権利を認めているかという点を探る方が重要であるといえよう。

　比較的最近問題となった事例としてはラグラン事件がある。ウィーン領事法条約36条1項（ｂ）が，逮捕された領事派遣国（ドイツ）の国民（ラグラン兄弟）の，領事機関との通信の権利を規定しているといえるかが争われた（2001年ラグラン事件ICJ判決）。

　もう1つの側面の国際犯罪については，1998年の国際刑事裁判所規程にみられるように，国際裁判所によって直接処罰される，個人の国際犯罪が，国際法上規定されるようになってきている（詳しくは，10章参照）。

（3）その他の主体

国際組織や個人以外の，非国家主体としては，とくに非政府組織（NGO）が国際社会において果たす役割が増大してきている。とりわけ環境保護の分野では条約の形成・解釈・履行についてもNGOが大きな役割を果たしている場合もある。核兵器の廃絶を目指す「核兵器廃絶国際キャンペーン（ICAN）」は2017年ノーベル平和賞を受賞した。

学習課題

1．近代国家とそれ以外の国家・王朝との，もっとも大きな相違点はどこにあるか。明治維新の前と後の日本を比較してみよう。
2．生得的・根源的な国際法主体と派生的・第二次的な国際法主体との相違点はどこにあるか。

参考文献

内田義彦『社会認識の歩み』（岩波書店，1971年）
王　志安「国際法における分離独立」『国際法外交雑誌』115巻2号（2016年）
国際法事例研究会『国家承認』（日本国際問題研究所，1983年）
福田歓一「思想史の中の国家」『日本學士院紀要』51巻2号（1997年）
森川俊孝「国家の継続性と国家承継」『横浜国際経済法学』4巻2号（1996年）
山田哲也『国際機構論入門』（東京大学出版会，2018年）

6 国家の基本的権利義務と国家管轄権

≪学習のポイント≫ 国際法上の国家であればすべて,国家主権,国家平等,不干渉義務といった,基本的権利義務をもつ。これに対して,国家が人・事物に対して行使する権限をその作用の側面からとらえたのが国家管轄権の概念である。
≪キーワード≫ 国家主権,国家平等,不干渉義務,属人主義,属地主義,国家免除

1. 国家の基本的権利義務

(1) 国家の基本的権利義務の意義

18世紀から19世紀にかけて国際法上の国家についての理論が精緻化されていった。そうしたなかで,国家であればかならずもつはずの固有の権利としての,基本的権利があるという考えが明確に主張されるようになっていった。そこには,国内においてすべての人間が生まれながらにして享有する権利としての人権(=自由権)からの類推もあった。

いうまでもなく,主権がもっとも基本的な権利とみなされた。主権以外には,生存権,自己保存権,平等権,独立権,領域権,領域を保有し獲得する権利,交際の権利,名声の権利など,名称も種類も実に多様であった。具体的にどのような権利を挙げるかは別として,国家の基本的権利という考えそのものは,19世紀末ぐらいまでには一般に承認されるようになっていた。

現在ではしかし，自然法的基本権を国家が生来保有するという考えはみられない。また，国家の基本的権利義務ではなく，国際法の基本原則として叙述されることもある（1970年の友好関係原則宣言も参照）。ただ，本章では歴史的な流れを説明しやすいこともあり，伝統的国際法の枠組みに則って，国家の基本的権利義務として説明することにする。

なにをもって基本的であるとみるかという点についてはなお議論があるが，主権と自衛権が国家の基本的権利の代表とされることには異論がない。そして，主権と密接に関連するのが国家平等と不干渉義務である。自衛権は14章で扱うことにし，本章では主権，国家平等，そして不干渉義務について説明する。

（2）国家主権

主権は，国家とそれ以外の社会とを区別する，もっとも重要な基準であった。国家主権は，「近代国際法の基本原則ないしは国家の基本権の中核をなしてきた」のである。ところが，とくに第二次世界大戦以後の国際組織の発展や個人の法的地位の向上とともに，国家主権の制限がいわれるようになり，主権概念の変容が生じているのではないかという指摘がなされることがある[1]。

もっとも，そもそも近代国際法が成立した時点で，国家主権概念がどれだけ一致した内容をもつ概念としてとらえられていたかについては，大きな疑問がある。

16世紀末にボダンは，封建制における中間権力を排除して絶対王制を確立するために「国家の絶対にして永続的な権力」として主権概念を新たに編み出した。この主権概念は，18世紀のヴァッテルに至って（1758年に出版されたのが主著『国際法』），人民主権を基調とする国家を形成するという目的のために，自由独立という対外的な側面が強調されるこ

---

1) 内田久司「主権概念の変容」『国際問題』279号（1983年）2-15頁。

とになった。ここに，国内での絶対的な権力としての「対内主権」と自由独立としての「対外主権」の2つの概念からなる主権概念，そして，そうした意味での主権を保有する国家としての主権国家概念が，国際法理論のなかで確立したと一般にいわれる。

ところが，この「自由独立国家」としての主権国家が国際法による制限を受けるのかという，まさに国際法の存立にもかかわる点をめぐって，見解の対立がみられた。この問題以外にも，自国の意思による他国への従属は自由独立を妨げることにならないといえるか，完全な主権国家とは異なり，一定の範囲で他国を自国の上位者と認める半主権国家というカテゴリーを主権国家とは別に認めることができるかなど，いくつもの問題が多くの学者によって論じられた。ここでは，もっとも重要な問題であった，主権と国際法の関係についてのみ説明することにする[2]。

対内主権の側面での絶対性を対外的にも純粋に適用し，対外関係においても国家は絶対的権力をもち，いかなるものにも従属することはないのであり，自由独立とはそのような意味に解されるべきであるとする考えがある。絶対的主権と呼ばれることのある考えである。

たとえばヘーゲルは，絶対的主権をもつ国家は他国に対して独立しており，国家間の関係を規律する国際法は結局，個々の国家の特殊な主権的意思に基づいているとみなした。つまり国際法は「対外的国家法」，対外関係を規律する国内法にほかならないとみなしたのである。絶対的主権をもつ国家は，独立であり，国際法のような存在はあり得ず，国際法に服すことはないという考えである。

これに対して，自由独立という主権の側面は，他国への従属関係の否定を意味するだけであって，国際法に優位するということを意味するわけではないとする考えがある。相対的主権と呼ばれる考えである。国家主権と国際法の妥当という2つのことを同時に認めるためには，こうし

---

2) これらの諸論点については，柳原正治「神聖ローマ帝国の諸領邦の国際法上の地位をめぐる一考察」松田保彦ほか（編）『国際化時代の行政と法』（良書普及会，1993年）659-686頁参照。

た相対的主権の考えをとらざるをえない。

　現在では，国家主権を絶対的なものととらえ，主権国家が国際法に服すことはないという主張はみられない。もっとも，主権は国際法の枠内の権利といえるか，あるいは，国際法を越える意味をもつ権利なのかという点をめぐってなお議論は続いている。

　それには，以下のような2つの側面がとくに関連している。1つは，自国がみずからの意思で，たとえば併合条約を締結して自国を消滅させてしまうことができるという事実である。これは明らかに自国の主権を損なう行為である。もう1つの側面は，国際社会における力の優位を正当化する根拠としても主権が用いられることがあるという事実である。

　国際法と個々の国家の主権が両立し得るかという，国際法の存立そのものにかかわる古典的課題は，現在においても，かたちは少し変えつつも存続しているといわなければならない。

（3）国家平等

　主権国家が相互に平等であるということは，近代国際法の誕生時からの大原則である。主権平等原則と呼ばれる（国連憲章2条1項参照）。国土面積，人口，軍事力，経済力などにどれだけの差があろうとも，どのような政治体制をとっていようとも，どのような宗教を国教としていようとも，国際法上の国家と認められさえすれば，すべて平等とみなされる（国際法上の国家については5章参照）。

　もっとも，平等の内容をどのようにとらえるかについては，歴史的にさまざまな議論が存在した。平等観念についての共通の理解がないままに論争が行われ，無用の混乱を招いたことがあったのも事実である。

　現在では，国家平等には3つの態様があるとみなされるのが一般的である。第1は国際法の定立における平等（形式的平等）である。国家に

は国際法の形成に平等に参画する権利があるということである。さらには，国際組織や国際会議での表決手続への参画もこのなかに含められることが多い。1国1票という原則である。国連安全保障理事会常任理事国の拒否権の制度，国際通貨基金（IMF）などの加重投票制は，明らかにこの原則に反する。しかし，各構成国の貢献度により差をつけることこそが平等である（「機能的平等」）という説明がなされる。

　第2が法の下の平等である。国際法の適用が各国家に平等になされるということである。もっとも，国際法の適用は関係国間の力関係に委ねられる側面があることには注意しておかなければならない。また，そもそも内容が平等ではない国際法を平等に適用しても意味がないという面があることもたしかである。

　そこで，第3に主張されるのが実質的平等である。これは，各国家が，国際法上の同一の権利義務をもつということを意味する。18世紀までの自然法学者は，こうした意味での平等観念も国際法上存在するとみなした。しかし，実定国際法（条約と慣習国際法）をみれば，そうした平等が現実の国際社会において実現されていないことは明らかである。

　途上国を中心として現在主張されている，新しい平等観念は，衡平の観点からみた平等とか，新しい実質的平等と呼ばれている。たとえば，1970年代から主張されるようになったのが「新国際経済秩序」である。先進国と途上国の間には経済的な不均等が存在することを認めたうえで，国際的な決定過程への，十分かつ効果的な参加，そこから生まれる収益を衡平に享受する権利が与えられるとした（たとえば，1974年の経済的権利義務憲章10条）。

　国際環境の分野で最近主張されている「共通だが差異のある責任」の概念（詳しくは12章参照）も，同様の理念を基盤としている。

　もっとも，こうした新しい平等観念に対しては，先進国側の反発は強

く，現段階において国際法上確立した原則となっているとはいいがたい。

（4）不干渉義務

　各国家は，主権をもつ独立国家とみなされる以上，その国内問題について他国や国際組織から干渉を受けずに独自の判断で決定できる。主権概念から当然に導き出される考えである。他国や国際組織の側からみて，不干渉義務と呼ばれるのが一般的である。この義務に反する行為は，内政干渉という，国際法違反行為となる。

　この義務そのものが，国際法上の基本的義務として認められてきていることについては何らの疑問もない。問題となるのは，「国内問題」の範囲と「干渉」の意味の2点である。

　国内問題（あるいは国内管轄事項）とは，各国が単独で自由に決定できる事項である。国際連盟の成立以前においては，その事項の範囲は各国が決定できると解されていた。典型的なものとしては，各国の政治制度，人権保障，国籍付与の条件，関税，移民政策，環境保護，安全保障などである。その後，国際関係の進展もあり，国内事項とは国際法によって規律されていない事項であるとの考えが広まっていった。現在では，国際法の規律によって各国に行動の自由が与えられている事項のことを指すとみなされる。たとえば，国際法に国内的効力を付与する方式（4章参照），国家承認・政府承認を行うかの判断（5章参照），国家管轄権行使の基準（本章），船舶への国籍付与の条件・手続（7章参照），集団的自衛権の行使（14章参照）など，いくつもの事項がある。

　もう1つの問題は，干渉の意味である。戦争が一般的に禁止されていない時代には，命令的・圧制的な介入が禁止された干渉とみなされていた。しかし，現在のように武力不行使原則が確立した状況では，この原

則に反する武力の行使・威嚇は，不干渉義務違反と位置づけるまでもなく，武力不行使原則に反して，国際法違反とみなされる。そこで，禁止された武力の行使・威嚇には該当しないが，一定の軍事的措置（たとえば掃海活動）や，非軍事的措置ではあるが一定の強制手段（核実験にともなう放射性物質の降下・堆積など）は，干渉にあたるとみなされる。

なお，大規模な人権侵害を阻止するためなどのように，人道の名において行われる人道的干渉は国際法上許容されているという主張がある。伝統的国際法においてもみられた主張であるが，1999年の，コソボへのNATO軍の爆撃を契機として，強く主張されるようになった。これを不干渉義務に違反していない行為とみなすのは容易ではない（14章をも参照）。

2. 国家管轄権

(1) 国家管轄権の意義

国家主権は領域主権（この概念については，8章参照）には含まれない要素も含む包括的な概念である。これに対して，国家主権の具体的な機能・作用に注目したのが国家管轄権の概念である。すなわち，国家が人や財産や事実に対して行使する権限を，その作用の側面からとらえた概念である。

国家管轄権という概念が，近年注目されるようになってきたのには，理由がある。国家は，統治のためにいろいろな管轄権を行使してきたが，グローバル化が急速に進展する前の時代には，国家管轄権はそれぞれの国家の領域内に限定されることが圧倒的多数であった。そのため，国家管轄権が国際法上の問題として取り上げられることは，例外的であった。ところが，人・モノ・金が国境を越えることが飛躍的に多くなっ

た，ボーダーレスな現在では，国家の管轄権が国境を越えて伸びる例が飛躍的に増えてきた。ここに，国家主権や領域主権などとは異なる，国家管轄権という，1つの概念を立てて説明していくということの実益がある。

　渉外法律事項に日々携わっている外交実務担当者にとってみると，国家管轄権の問題こそがつねに解決を迫られる，最重要な課題の1つであるといえる。

　国家管轄権は，三権分立に対応させて，立法管轄権，執行管轄権，司法管轄権の3つに分類されるのが一般的である。もっとも，その間には重なる部分もあり，権限主体による分類ではなく，問題処理のための機能による分類のほうが有益であるとの指摘もある。

　立法管轄権は，自国領域内，ときには領域外の，人（自国民に限らない）や財産や事実を規律し，それらについての法的評価を行う基準としての意味をもつことになる法令を制定する権限のことである。執行管轄権は，逮捕，捜査，強制調査，押収，抑留などの物理的な手段を用いて，これらの法令を執行する権限である。そして，司法管轄権は，法令（直接適用可能な国際法の場合もある）を適用して審理し判決を下す権限である。

（2）国家管轄権の基準と競合の調整

　国家管轄権行使の根拠となる基準は，属地主義，属人主義，保護主義，普遍主義などに分類されるのが一般的である。属地主義は，領域を基準とする原則である。領域とは，領土，領水，領空を指し（8章参照），公海上にある自国船舶，在外公館などは含まれない。立法管轄権も執行管轄権も司法管轄権も，この属地主義に基づき，自国領域において行使できる。

属人主義とは，国籍を基準として個人，企業，船舶，飛行機などに対して管轄権を行使する基準である。外国領域であっても，公海や公空であっても，それらのものに対する管轄権を行使できるとする基準である。

　自国民である国外犯に対する管轄権の行使を認める基準を「能動的属人主義」と呼び，外国人による自国民に対する，自国外での犯罪に管轄権を及ぼす基準を「受動的属人主義」と呼ぶこともある。

　保護主義とは，自国の安全や存続などにかかわる重大な犯罪について，国籍や行為地を問わず，管轄権を行使できるとする基準である。内乱，外患誘致，通貨偽造などがこれにあたる（日本刑法2条参照）。

　最後に，普遍主義とは，どこの地域であろうと，だれによる行為であろうと，特定の犯罪の実行者について，その者を抑留し逮捕したすべての国家が，自国の刑法を適用できるとする原則である。立法管轄権，執行管轄権，司法管轄権のいずれについても，その行使の根拠となる基準である。どのような犯罪が対象となるかは国際法によりあらかじめ規定されていなければならない。

　普遍主義の適用について現在異論がないのは，「人類共通の敵」とみなされる海賊だけである。国際法上の海賊は，公海などどの国家の領域でもない場所においてのみ拿捕できるので，海賊の場合に国家管轄権が外国領域に及ぶという事態は想定されない。

　このほかに，個人による特定の国際犯罪について，最近の多数国間条約で普遍主義が採用されている例がみられる。航空機の不法奪取，外交官等に対する犯罪，アパルトヘイト，麻薬等の違法取引などである。容疑者を現に抑留している国家が，関係国に身柄を引き渡すか，自国で裁判を行うかを決定できるという制度（「引渡か訴追かの方式」）が採用されている。

以上のような基準のうちのどれを採用するかは，基本的には個々の国家が決定する。たとえば立法管轄権について，属地主義なのか，属人主義も採用するか，さらには，ごく特定の事項には普遍主義を採用するかは，それぞれの国家が判断できる。
　この場合に，他国の管轄権も及んでおり，2つ以上の国家の管轄権が，同じ人・財産・事実に及ぶことが起こり得る。国家管轄権の競合と呼ばれる現象である。これについて国際法による調整がどこまで及ぶのかが問題となる。
　国家管轄権——立法管轄権も執行管轄権も司法管轄権も——は自国領域内に及ぶのが原則である。属地主義が基本であるということである。公海や公空など，国家領域でない地域や，外国領域については，領域であるという基準とは異なる基準，すなわち属人主義や保護主義や普遍主義などにより，一定の範囲で国家管轄権が及ぶことが認められてきた。近年，個々の国家の利益や国際社会の一般利益の保護のために，この管轄権の及ぶ範囲が拡大してきている（「管轄権の域外適用」と呼ばれることもある）。
　もっとも，属地主義は別として，ある国家が，その他の基準を採用し，その基準に基づいて国家管轄権を行使するときに，他国がその管轄権の行使を認めるかは，別問題である。また，執行管轄権は一般的には外国領域においては行使できない。この点は，属人主義でも保護主義でも同じである。
　日本の刑法を例として説明したい。日本刑法は日本国内における犯罪（国内犯）のみに関する法律（1条）ではない。日本の領域外でなされた，日本人による一部の犯罪——たとえば，内乱，窃盗，詐欺など——のみならず，外国人による一部の犯罪——たとえば，内乱，日本国民に対する強制わいせつや殺人など——も，国外犯として日本の刑法が適用

されると規定している（2条，3条，3条の2）。これは，能動的属人主義と受動的属人主義，さらには保護主義に依拠して，立法管轄権を行使して国内法令を制定したととらえられる。なお，日本の領域——領土と領水と領空——の内で行われた犯罪だけではなく，日本の領域の外にいる，日本国籍の船舶や飛行機内でなされた犯罪も，国内犯とみなされる（1条2項）。これは船舶や飛行機を日本の領域とみなしたということで属地主義の適用と解される。もっとも，登録された国家（＝旗国あるいは登録国）の管轄権の下に服すとする旗国主義（9章参照）によるとする解釈もある。

　それでは，日本の領域外にいる，これらの日本刑法上の犯罪の実行者を逮捕できるであろうか。執行管轄権は通常自国領域内に限られるので，逮捕はできない。ただし，犯罪実行地の国家がその犯人を引き渡してくれたり（犯罪人引渡。10章参照），犯人がたまたま日本領域内に踏み入れたりした場合には，執行管轄権は行使できることになる。

　司法管轄権は，刑事については属地主義と能動的属人主義の基準が適用される場合は一般に認められるが，それ以外についてはかならずしも明らかではない。なお，民事については，競合についての国際法の明確なルールは存在しない。

　日本では被告人（および弁護人）の出頭が開廷の原則であるため（刑訴83条3項），被告人が外国にいて欠席の場合には裁判を行うことができない。司法管轄権は行使できないことになる。なお，民事訴訟では当事者が裁判を欠席しても審理は可能である。

　条約により，通常は他国で行使を認められない管轄権が認められることがある。たとえば，日米地位協定は，日本国内における，在日米軍人などの犯罪についての司法管轄権（この場合，刑事裁判権）を米軍に認めている（17条）。

3. 国家免除

（1）国家免除原則

　以上は，国家の管轄権が行使できる基準についての問題であった。国家免除原則は，国家の管轄権の行使を否定する原則である。国家が他国の裁判所において，被告として司法管轄権の行使の対象となることを免除されるという原則である。主権免除，裁判権免除と呼ばれることもある。

　この原則はそれぞれの国家の国内裁判所の実践として発展してきた。次節で述べるように，その原則の具体的な内容については諸国間で一致がみられない。しかし，一定の場合に国家にそうした免除が与えられるということ自体は，慣習国際法として成立しているといえる。免除の根拠は，「対等なる者は対等なる者に対しては裁判権をもたない」という平等原則に求められるのが一般的である。

　なお，この国家免除は，国家そのものに対する裁判権の免除であり，国家元首や政府高官についての免除（たとえば，コンゴの外務大臣に対する，2002年ベルギーの逮捕状に関する事件についてのICJ判決）や外交官の特権免除とは異なる。

（2）絶対免除主義と相対免除主義

　国家免除の適用範囲については，従来は，国家の行為であればすべて免除されるとする絶対免除主義が一般的であった。国家免除の根拠からしても，それは当然の考え方であったといえる。

　しかしながら，国家が私人と同じようなかたちで商工業にかかわる活動をみずから実施することが増え，また，社会主義国ではすべての行為が国営企業によりなされているという状況も踏まえて，次第に一定の範

囲の国家活動についてのみ，裁判権免除を認めるべきであるという考えが台頭してきた。相対免除主義（あるいは制限免除主義）と呼ばれる考え方である。

　もっとも，免除の適用範囲を決定する基準については意見が分かれている。免除が認められる主権的行為と，認められない業務管理行為の区別の基準をなにに求めるかという問題である。行為の目的を基準とする目的説と，その性質を基準とする性質説の対立である。現在では，目的の判断は恣意的になりがちであるということを理由として，性質説の方が有力である。2004年に採択された国連国家免除条約もこの説を原則としているが，この条約は未発効である。

　日本の国内判例では，昭和３年の大審院の判決以来，長く絶対免除主義が採用されてきた。しかし，平成18年の最高裁判決で，明確に相対免除主義への判例変更がなされた（パキスタン貸金請求事件，最判平18・７・21）。この判決の後，制限免除主義に基づく国内法として対外国民事裁判権法が2010年４月から施行されている。

学習課題

1. 形式的平等，機能的平等，法の下の平等，実質的平等などといった，伝統的な国家平等について，その相違がどこにあるかを整理してみよう。そのうえで，新しい実質的平等の考えが主張されるようになった背景を考えてみよう。
2. 執行管轄権が直接には及ばないが立法管轄権が及んでいるという事例において，立法管轄権が及ぶということの実質的な意義はどこにあるか。

参考文献

小松一郎『実践国際法』（第2版，信山社，2015年）
田畑茂二郎『国家平等思想の史的系譜』（有信堂，1960年）
水島朋則『主権免除の国際法』（名古屋大学出版会，2012年）
山本草二『国際刑事法』（三省堂，1991年）

7 国家の国際責任

≪学習のポイント≫ 国家の国際責任は従来，国際違法行為責任とされ，民事責任との類似でとらえられることもあったが，国内法におけるような民事責任と刑事責任の厳格な区別は存在しなかった。現在では，国家の「国際犯罪」が存在するかを含め，国家の国際責任のあり方そのものが問われている。

≪キーワード≫ 国際違法行為責任，違法性阻却事由，外交的保護権，国際違法行為の効果

1．国家の国際責任の意味

(1) 国内法における責任と国家の国際責任

国内社会において代表的な法的責任とは，刑事責任と民事責任である（他には行政責任）。刑事責任は，犯罪者が刑罰を受けなければならない地位に置かれることを意味する。民事責任は，違法行為（もっとも重要なのが，債務不履行と不法行為）によって損害賠償責任を負うことを指す。債務不履行責任と不法行為責任が主要なものである。

これに対して，近代国際法における国家責任とは，国際違法行為責任とされ，民事責任に近い側面があると説明されることもあった。しかし，刑事責任と民事責任の厳格な区別はそもそも存在していなかった。国家は国際違法行為を行ったときに，それにともなって責任を問われる。国際違法行為とは国際法に違反する行為である。条約を履行しないこと，

慣習国際法上の義務を履行しないこと（たとえば，自国領域内で保護すべき義務のある他国の権利を侵害すること），国際法の規定する要件に反するかたちで一方的行為を行うこと（たとえば，尚早の承認）など，実に多様な行為があり得る。

　ところが，19世紀後半から20世紀初頭にかけて国際法理論のなかで整備されていった国家責任論は，こうした一般的な国際違法行為を射程に収めていたわけではなかった。どのようなかたちでの国際違法行為であれ，そうした行為がなされれば，それによって損害賠償責任という法的責任が発生することになるという理論構成がとられたわけではなかった。国家責任論はごく限定された状況を想定した理論であった。すなわち，外国人が在留国で損害を受けたときに，その在留国の国家責任はどのようにして問われることになるかという状況をもっぱら想定した理論であったのである。

　19世紀後半において，とくにラテンアメリカ諸国に投資をしていたヨーロッパの人々が，その在留国で身体や財産に対する損害を被ったときに，ヨーロッパの国々は外交的保護権（この権利については後述する）を行使して，国際法上の責任を追及しようとした。伝統的国際法理論における国家責任論とは，そうした現実的な問題に対処するために編み出された理論であった。

（2）国家の国際責任概念の変化

　1949年4月から活動を開始した国連国際法委員会は，発足当初から国家責任に関する法典化を目指した作業を進めた。最初の方針は，外国人が在留国で損害を受けた場合の国家責任という，伝統的な問題状況に限定されていた。しかし，1963年からは，すべての国際義務違反を扱う，包括的な国家責任法に関する条約案を作成するという，新しい方針に変

更された。これは，国家の国際責任に関する総則を作成しようという，ある意味では，まことに壮大な試みであった。

　実に長期にわたる検討の結果，ようやく1996年に暫定条文草案がまとまった。しかしこの案は，なお検討を要するとされ，実質的な部分でかなりの変更を加えて，2001年に「『国際違法行為に対する国の責任』に関する条文」（以下，国家責任条文とする）が採択された。この国家責任条文はしかし，同年に国連総会決議として採択されたものの，国家間の条約という位置づけにはなっていない。国家責任は，関係する国家の利害関係，さらにはプライドが大きくかかわってくる分野であり，国際法上の一般原則を包括的なかたちで確定するのは，はなはだ難しいともいえる。また，なによりも法の最終的な適用機関としての国際裁判所が，国内裁判所と同一の機能を果たすことができないという現状も忘れてはならない。

　なかでも，もっとも争われた問題の1つは，国家の国際犯罪という概念を認めることができるかという点であった。1996年の暫定条文草案では，侵略，植民地支配，奴隷制度・ジェノサイド・アパルトヘイトなどを国家の国際犯罪と規定し，通常の国際違法行為とは異なる効果を認めた（19条）。しかしながら，国家主権と刑事責任の観念とは適合しないなどの理由から，こうした概念には反対が強く，2001年の国家責任条文では関連規定がすべて削除された。

　国家責任条文が条約ではない以上，法的拘束力のある，国家責任に関する一般条約は現時点では存在していないということになる。一部の学者の間には，この国家責任条文は国際裁判所などで引用される回数が数多く，慣習国際法を表現するものとしての権威が増大してきているという見解もある[1]。しかし，この国家責任条文の内容がすべて国際社会で現在一般的に受容されている原則となっているといい切れるかについて

---

1)　J. Crawford, *Brownlie's Principles of Public International Law*（8th ed., Oxford University Press Oxford 2012）p. 540.

は，なお断言できない状況にあるとみなされる。国際社会の現状は，個々具体的な局面で，国際義務がどのような内容のものであるかが確定され，国家責任を正面に打ち出すかどうかも含めて，個別に——ときには国際裁判所によって——国家間の利害調整が図られているというものであるといえよう。

　なお，国際法上の責任については，国家の国際責任のほかにも，国際組織の国際責任（2011年に国連総会決議として，国際法委員会が作成した「国際組織責任条文」が採択された）や個人の国際犯罪も，現在の国際社会においては問題となる。本章では国家の国際責任のみを取り扱う（個人の国際犯罪については第10章で説明する）。

（3）国家責任の追及——外交的保護権

　伝統的な国家責任法で重要な意味をもっていた制度が，外交的保護権である。外国人が在留国で被害を受け，当該国の国内手続では救済が得られないときに，本国が自国民のために在留国の国家責任を追及して，適切な救済を図る制度である。国連国際法委員会は，2006年に外交的保護に関する条文草案を採択した。ただ，国連総会決議として採択されたわけではなく，条約化されたわけでもない。

　外交的保護権の制度は，19世紀半ば以降に発展してきた。外交的保護権はあくまでも国家の権利であり，発動するかどうかは国家がさまざまな状況を判断して決定する。当該国家は，自国民の被害を介して，自国の国際法上の権利に侵害を受けたという理論構成がなされる。国家は個人の代理人ではない。国家は，たとえば賠償金を受け取った場合でも，それを被害を受けた自国民にかならず交付すべき義務はない。

　外交的保護権の行使のためには2つの要件がある。1つは，被害者が被害を受けた時点から，自国が請求を行う時点までの間，その国家の国

籍を継続して保有していなければならないという原則である。国籍継続の原則である。もう1つは，請求がなされる国家での国内救済手段が尽くされている必要があるという原則である。国内的救済の原則である。これらの2つの要件を満たさない外交的保護権の行使は，国際法に違反する行為とみなされる。

こうした伝統的な状況ではなくて，国際違法行為一般について国家が国家責任を追及するときには，外交的保護権のような，特別の手続は存在しない。国際違法行為をなされた国家は，その行為の責任国に対して自国が選択する方法で請求できる。国連安保理などの国際機関に付託することも可能である。さらには，裁判管轄権が合意されている場合には（13章参照），国際裁判所に訴えを提起することもできる。

2. 国家責任の発生要件

(1) 国際違法行為（客観的要件）

国家責任の発生要件として現在一般に認められるのは，国際違法行為の存在（客観的要件）と国家行為の存在（主体的要件）の2つである。これらに加えて，故意・過失，さらには損害の発生が必要であるかが問題となる。

第1の要件の国際違法行為とは，国際法（条約と慣習国際法）上の義務の不履行・違反である。国家の現実の行為（作為も不作為もある）が，現行の国際法上の義務に合致していないことである。

条約上の義務については，締約国についてのみ存在しているという事実をここでもう一度確認しておいてもらいたい（3章参照）。A国が締約国となっている条約上の義務に，非締約国のB国が違反するような行為を行っているとしても，その義務が慣習国際法上の義務でないかぎり，

B国には当該条約上の義務を履行すべき，国際法上の義務は存在しない。A国はB国が国際違法行為を行っていると主張することはできない。

また，A国が締約国となっている条約上の義務の履行を，自国の法律との抵触を理由として行わない場合には，かりにA国では法律のほうが条約より国内効力順位が上位にあるとしても，A国は国際違法行為を行っていることになる。A国の国内法違反行為をA国内でどのように処理するかは，こうした国際的な場面での問題とは区別してとらえられる（4章参照）。

こうした義務を内容により分類するという作業が，国連国際法委員会で行われたこともある（「結果の義務」，「特定事態発生防止の義務」，「方法および実施の義務」）。しかし，義務の性質の相違により発生する国家責任の内容が左右されるということはない。

また，「危険責任」という考え方が主張されることもある。国際違法行為ではない（国際法上禁止された行為ではない）が，危険性を内蔵している行為がなされた結果として，損害・損失が発生した場合，そうした行為を行った，または許可した国家に，国際責任を認めるべきであるとする考えである。航空機損害，油汚染損害，原子力施設や原子力船による第三者損害，宇宙物体による第三者被害などについては，個別の条約が存在する[2]。ただし，現状ではこうした，高度に危険な行為に関する個別条約に規定される場合にかぎり，しかも条約に規定されている責任のみを負うことになっているのであり，危険責任という概念が一般的に認められているわけではない。

(2) 国家行為（主体的要件）

国家責任の場合，国際違法行為の主体は国家である。ここでの国家は，法的人格としての，抽象的な存在のことである。そうした国家が具

---

[2] 宇宙物体については9章参照。

体的な行為を行うことはあり得ない。実際には，個々の人間（あるいはその集合体）の行為が，国家の行為とみなされるわけである。難しい用語では，「責任帰属関係」と呼ばれる。

具体的には，国家機関の地位にある個人の行為と，そうした地位にはない私人の行為の2つに分けることができる。

国家機関の行為についてはさらに，その国内法上与えられている権限内の行為である場合と，権限外の行為に分けられる。

前者の権限内の行為であれば，国家行為であるという主体的要件は満たしていることになる。国際法上の義務の不履行・違反にあたるような，そうした行為は，実に多様である。たとえば，立法機関が国際法上の義務の履行に必要な立法措置をとらないとか，執行機関については，適法手続によらない外国人の逮捕，外国人の恣意的な追放，法令を遵守しない外国船舶の捕獲や抑留など，司法機関については，外国人に対する「裁判拒否」などがある。

国家機関の権限外の行為とは，国家機関がその国内法上の権限を逸脱する行為を行ったとき，あるいは，国内法に違反する行為を行ったときに，国家行為という要件を満たしていることになるかという問題である。「権限踰越」の問題と呼ばれる。現在もこれについては完全に意見が一致しているとはいえないが，一般には，国家機関がその資格で行動した場合には，国家行為とみなされる（国家責任条文7条）。

実際の場面でよく問題となるのは，国家機関の地位にはない私人の行為である。たとえば，学生を中心とする武装集団がテヘランの米国大使館を占拠し，大使館員らを人質に取った事件（1980年在テヘラン米国大使館人質事件ICJ判決），ボスニア・ヘルツェゴビナ内戦においてセルビア系軍事組織が民族浄化の名の下に多数のボシュニャク人を殺害した事件（「スレブレニツァの虐殺」。2007年ジェノサイド条約適用事件ICJ

判決）などがある。

　私人の行為が国家行為とみなされ，主体的要件を満たすのは，以下のような4つの場合であると一般にみなされている。すなわち，①国家の事実上の指示・指揮・命令に基づく場合，②正規の国家機関が存在しないか機能しないときに，事実上の国家行為とみなされる場合，③新政府となった反乱団体が内戦や革命の間に行っていた行為の場合，そして，④国家が後にみずからの行為として是認した場合である。

（3）故意・過失

　故意と過失の区別は国内の刑法においては，はなはだ大きな問題である。これに対して，民法の不法行為では故意であろうと過失であろうと損害賠償義務は発生するので，それほど重要な問題ではない。

　国家責任については，そもそも故意・過失を国家責任の発生要件とするかどうかそのものが，激しく争われてきた。これは，「過失なくして責任なし」という古代ローマの原則を国家責任についても認めるべきであるかという点をめぐる争いであったといってもよい。主として，故意または過失を必要とする過失責任主義と，まったく必要としないとする客観的責任主義との対立であった。

　現在では，国家機関の故意・過失を立証することは容易ではないこと，故意・過失とみなされてきた「相当の注意」の欠如は国際違法行為という要件のなかに包摂すべきであることなどを理由として，故意・過失は，独自の発生要件とはみなさないという立場が有力である（国家責任条文もそうした立場をとる）。

（4）損害の発生

　国家責任とは国家が被った損害を償ってもらうことをその本質とする

という考え方によれば，損害の発生，あるいは，法益侵害（保護法益の侵害）が国家責任の発生要件の1つとみなされることになる。この点は，国際法委員会の審議のなかでもっとも争われた点の1つでもあった。

たとえば，具体的に紛争となった事件としては，英国がアルバニアの領海内で行った機雷撤去の掃海活動は，アルバニアになんらの具体的な損害ももたらしていないが，同国の領域主権を侵害しているとして国家責任が発生するとされた例がある（1949年コルフ海峡事件ICJ本案判決）。

2001年の国家責任条文では結局，損害の発生は独自の発生要件としては規定されなかった。国際違法行為という要件のなかに，その点は内在されているという論理である。さらに，責任を追及する権利を被害国にだけではなく，一定の場合には被害国以外の国家にも認めた。国際違法行為が，その国家を含む国家の集団的利益，または，国際共同体全体に対する場合である（48条1項）。国際司法裁判所はこうしたかたちでの原告適格を認めた事例もあるが（2012年ベルギー対セネガルICJ判決），これが慣習国際法上の原則として一般化していくかは，現状では不透明な状況である。

(5) 違法性阻却事由

以上に述べてきた発生要件（要件とすべきかが，なお明らかではないものもあるが）を満たしたときに国家責任が発生し，その責任が追及されることになる。しかしながら，そうした要件をすべて満たしていてもなお，国際違法行為の成立を否定する事由，いいかえれば，その行為の違法性を否定するような事由が存在するというのが，現在一般的なとらえ方である。違法性阻却事由と呼ばれる考えである。正当防衛，緊急避

難，被害者の同意，正当行為・正当業務行為など，国内法においてもみられる考えである（民法と刑法ではそれらの概念の内容は異なるが）。

　こうした考えに対して，違法性を否定するのではなく，いったん国際違法行為の存在は成立するが，その結果としての国家責任を否定するような事由（「国家責任阻却事由」）ととらえるべきであるという主張もある。

　いずれの考えでも，国家責任が問われないという結果としてはまったく同一であるが，いったん国際違法行為の成立そのものを認めるかという点で，大きな違いがある。2001年の国家責任条文は違法性阻却事由とみなした。

　具体的に阻却事由としてどのようなものがあるかについては，現段階でかならずしも国家間に一致があるとはいえない。国家責任条文は，相手国の同意，自衛の合法的措置，国際違法行為に対する対抗措置（責任を負う国家に対する，国際義務の一時的な不履行。伝統的国際法では「復仇」と呼ばれた概念），不可抗力（天災や内乱などのように，通常要求される注意や予防方法ではなお防止できないような事態），遭難（やむをえない理由で人命を守るため領海や領空を侵犯する場合など），緊急事態の6つの事由を規定した。

　これら6つの阻却事由がすべて現在の国際社会において一般的に認められているかは疑問である。とりわけ，緊急事態（necessity）——緊急避難，緊急状態とも呼ばれる——については意見が分かれている。重大かつ急迫な危険に対して当該国家の基本的権利を確保する唯一の手段であり，しかも相手国の基本的利益を重大に侵害しない場合に，阻却事由としての緊急事態が認められるとする考えである。緊急事態であるかの認定そのものが，国家の主観的判断に左右されやすいとの批判がなされている。

たとえば，水力発電用ダムの建設は，ハンガリーの国家領域における生態系の保全に多大な影響を与えるため——「緊急事態」の発生——，チェコスロバキアとの間で合意していた，ハンガリー領域のナジュマロシュでのダム建設計画を一方的に停止できると主張した事例がある。国際司法裁判所はしかし，国際慣習法上，緊急事態を違法性阻却事由の1つとして認めることができるとしたうえで，この事例では，緊急事態と認められるための諸要件が満たされていないと判断した（1997年ガブチコボ・ナジュマロシュ計画事件 ICJ 判決。ガブチコボはチェコスロバキア領域内のダム建設地）。

3. 国際違法行為の効果

（1）回復と救済

　国家責任の発生要件を満たし，違法性阻却事由については該当するものが存在しないという状況が確定すると，責任を負う国家にはなんらかの措置をとる，国際法上の義務が発生することになる。国内の刑事責任では刑罰を受けることになり，民事責任の場合には損害賠償義務を負うことになる。ところが，国家責任の場合には，これらの場合とは相当に状況が異なっている。

　責任を負う国家がとるべき措置については，従来，国家責任の解除と呼ばれてきた。しかし，「解除」というのは，責任を負う国家側からのみの視点であるということもあり，現在では事後救済とか，責任を負う国家が責任を履行するための義務（責任国の義務の履行方法）などと呼ばれる。

　責任を負う国家が何らかの措置をとる国際法上の義務は，具体的には，①国際違法行為の結果としての違法状態を合法な状態へと回復させ

ること，および，②国際違法行為により生じたいっさいの結果について救済をはかること，の2つに分類することができる。この2つをまとめて，国際違法行為の効果ということができる。

(2) 回復・救済の方法

　回復の方法として挙げられるのが，原状回復である。すなわち，国際違法行為がなければ存在したであろう状態に回復することを意味すると，一般にはとらえられている。

　たとえば，タイがカンボジアとの国境地帯にあるプレア・ビヘア寺院に軍隊を派遣したが，同寺院はカンボジア領と認定され，同寺院に駐留するタイの軍隊などの撤退，および，タイにより同寺院からもちだされた古美術品などの返還が求められた事例がある（1962年プレア・ビヘア寺院事件ICJ本案判決）。

　他には，国際法に違反する国内法の改廃，判決の取消などもこの原状回復の例とされる。

　救済の方法としては，金銭賠償，サティスファクション（精神的満足）などがある。金銭賠償は基本的には損害が発生した場合に用いられる方法であり，その損害を算定して金銭賠償額が決定される。逸失利益も算定の基準に加えられる。サティスファクションとは，陳謝，国際裁判所による違法宣言判決などを指す。

　回復・救済の方法のなかで，原状回復がもっとも基本的なものであり，この方法が不可能な場合に，他の方法が模索されるべきであるという考えがこれまで主張されてきた（1928年ホルジョウ工場事件PCIJ本案判決）。もっとも，被害国がどのような回復・救済の方法を求めるかによって，具体的な方法は決められることが多い。実際には，金銭賠償が頻繁に用いられる方法である。

(3) 違法行為の是正

国家責任が確定したときに、違法行為の中止や再発防止の保証が命じられることがある。これを、責任国の回復・救済義務のなかに含めるかについては議論がある。

国家責任条文は、責任国には、国際違法行為であることが確定した段階で、違法行為を中止する義務、および、適当な再発防止の保証を与える義務があることを明記した（30条）。とくに後者は従来、サティスファクションの1つの方式とされてきたものである。

学習課題

1. 2001年の国家責任条文の全規定を読んでみて、とくにどの条項が現在、国際社会で一般に受容されていないのかについて整理してみよう。
2. 国家責任の回復・救済の方法として、従来は原状回復がもっとも基本的なものであるとされてきたのは、なぜであろうか。

参考文献

兼原敦子「行為帰属論の展開にみる国家責任法の動向」『立教法学』74号（2007年）
萬歲寛之『国際違法行為責任の研究——国家責任論の基本問題』（成文堂、2015年）
薬師寺公夫「越境損害と国家の国際適法行為責任」『国際法外交雑誌』93巻3・4号（1994年）
山田卓平『国際法における緊急避難』（有斐閣、2014年）
山本草二「国家責任成立の国際法上の基盤」『国際法外交雑誌』93巻3・4号（1994年）

8 | 国家領域

≪学習のポイント≫ 国家が排他的に支配する地域，いいかえれば領域主権が及ぶ地域が国家領域である。一定の地域がどこの国家の領域に帰属するかという問題は，従来，領域権原という法的枠組みのなかで論じられてきた。領域をめぐる紛争（日本の領域問題を含む）の解決についても解説する。
≪キーワード≫ 領域主権，領土保全原則，領域使用の管理責任原則，領域権原，領域紛争の解決

1．領域と領域主権

（1）領域と国家

近代国家にはその国家の国籍をもつ国民がおり，そうした国民からなりたつ国家（「国民国家」）の領域は国境によって画されている。「明確な領域」が国家の資格要件の1つであることはすでに説明した。国境によって画された領域をもたない国家は，基本的にはあり得ない。近代ヨーロッパ国際法上の国家はすべて領域国家なのである。

領域の基本は陸地（＝領土）である。国家の資格要件の1つである「永久的住民」が居住できる地を考えれば，陸地が必要となる（船上生活者だけから成り立っている国家は考えにくい）。この陸地の周辺の一定の海域が領水（領海と内水と群島水域。この区別については9章参照）とみなされる。

空については，飛行機で人間が実際に空を飛べるようになるまでは領

域かどうかについて議論することには実益がなかった。そのため，ようやく20世紀初頭になって，領土と領水の上の空間を領空とする考えが生まれた。

　現在では，領域は，領土，領水，領空の3つから成り立っている。もっとも，領土と領水が地下のどこまで及ぶのか，領空が空のどこまで及ぶのかはいずれも明確ではない。前者は議論する実益が現状ではほとんどないが，後者については，領空と宇宙空間の境界をどこにするかという現実の問題がある（9章参照）。

（2）領域主権の法的性質

　一定の陸地に人が住んでそこに政府が樹立されれば，その陸地が国家の領域とみなされ，そこには国家の主権が及ぶ。この主権のうち，領域にかかわる権利が領域主権と呼ばれる。国家管轄権と重なる部分もあるが，完全に同一ではない。

　領域主権が所有権的性格のものか（たとえば，国家は自国の領域の一部あるいは全部を譲渡できる），支配権的性格のものか（領域内のすべての人や物を支配できる）については，歴史的に争われてきた。現在では，この両者の性格を併せもつ権利とみなされている。

　もっとも，領土と内水と領空に及ぶ領域主権は，領海に及ぶ領域主権と完全に同一ではない。領海には，その他の領域には認められない，外国船舶の無害通航権の制度（9章参照）が存在するからである。

（3）領域主権にかかわる原則

　領域主権にかかわる国際法上の原則として確立しているのは，領土保全原則と領域使用の管理責任原則の2つである。

　領土保全原則とは，各国はお互いに他国領域の現状をそのまま維持し

なければならない義務，つまり他国の領土保全を尊重する義務をもつということを意味する。政治的独立や武力による干渉の否定と結びつけて確立されてきた原則である。国連憲章2条4項に規定されており，現在では慣習国際法上の原則になっているとみなされる。この原則を拡大して，独立を達成する権利を行使する植民地の人民や，武力を用いない領域侵犯や越境環境損害にも，適用できるとの主張がなされている。

　領域使用の管理責任原則とは，自国領域における活動が他国の領域および権利を侵害することがないように，確保する責任があるということを意味する。カナダの民間熔鉱所から排出された亜硫酸ガスが米国の農作物や森林に被害を与えたケース（1941年トレイル熔鉱所事件　米国＝カナダ仲裁裁判決），アルバニアの領海に敷設された機雷に接触して被害を受けた英国軍艦のケース（1949年コルフ海峡事件 ICJ 本案判決）などがある。

　この原則は，1972年の人間環境宣言などいくつかの国際文書のなかで規定されている。とくに，国際環境の保護の分野で大きな役割を果たすようになってきている。

2. 領域権原

(1) 領域権原論の意味

　地球上のある陸地が国家領域とみなされる場合は，以下のように3つに分類することができる。

　第1の場合は，国際法の成立の時点で存在していた国家の領域である。国際法の存在にとって複数の国家の存在は前提されていたと考えなければならないことについてはすでに述べた。こうした一定数の国家の存在は所与の事実とみなされるということである。そうした国家の領域

もまた所与の事実と考えなければならない。イングランドやフランスなどの中核的な領域は，以上のようなかたちで説明される[1]。

　第2は，新国家が成立する場合である。新国家が実効的に支配する陸地が，その国家が国際法上の国家として成立する時点で，その国家の領域とみなされることになる。もともとは他国の領域であった陸地についてもこうした事態は生じ得る。合併，分離独立，分裂など，どのようなかたちで新国家が成立しても，その領域の理論的根拠は，以上のようなかたちで，実効的支配という事実と他国による国家承認に求められる（もっとも，国家承認の効果については5章参照）。

　そして第3が，「領域権原」によって説明される場合である。領域権原とは，ある一定の地域を領域と主張する，国際法上の根拠となる事実を意味する（権原は権限とは異なるので注意が必要である）。この場合もその一定の地域とは陸地を指す。陸地がこれから述べる領域権原のどれかを根拠として領域（領土）とされるときに，その陸地に付随して，陸地の周辺の海域が領水となり，それから，領土と領水の上空が領空とみなされることになる。

　こうした領域権原論は，19世紀後半から20世紀初頭にかけて整備されていった理論である。それは一部を除き，所有権移転に関する古代ローマ法の理論を類推適用して形成された理論であった。すなわち，その理論の目的は，既存のヨーロッパ諸国，あるいは新国家の領域そのものの法的根拠を示すということにあるのではなかった。それは，ヨーロッパ諸国間で領域の変動がある場合，あるいは，非ヨーロッパ地域（北米地域やオーストラリア・ニュージーランドなど）をヨーロッパ諸国の領域に編入しようとする場合に，用いられる理論であった。

　国家の領域と現在みなされる地域には，上記のような3つの種類があ

---

1) この関連で難しいのは，ヨーロッパ国際法を受容する前の「日本」の領域をどのようにとらえるかという問題である。これについては，柳原正治「幕末期・明治初期の『領域』概念に関する一考察」松田竹男ほか（編）『現代国際法の思想と構造 Ｉ』（東信堂，2012年）45-73頁参照。

る。従来の一般的な教科書では，領域論の章では，領域権原のみが取り扱われることが多い。しかしながら，領域権原で説明できる領域は一部に限定されているという事実はしっかりと理解しておかなければならない。

（２）伝統的な取得方式

　領域権原としてなにが認められるかについては，現在もかならずしも意見の一致がみられるわけではない。多くの論者が従来挙げてきたのは，先占，添付，割譲，時効，そして征服という５つの権原である。

　これらの権原は，いまだ国家領域となっていない地域を新たに領域とする場合——原始取得——と，現存の国家間で領域の移転が行われる場合——承継取得——の２つに分けられる。時効については異論があるが，一般には，先占と添付が前者，割譲と時効と征服が後者に分類される。征服以外は，古代ローマ法の理論を類推適用した権原である。

　先占とは，領域主権が及ばない地域である無主地を，領有の意思をもって実効的に占有した国家が，その無主地を自国の領域に編入できるという制度である。古代ローマ法の無主物先占に倣(なら)った理論である。オーストラリアがもっとも典型的な例である。

　近代日本もこの法理を用いて，近隣の島嶼(とうしょ)を次々に領域に編入していった。明白に無主地先占の事例とみなされるのは，久米赤島・久場島・魚釣島（尖閣諸島）（1895年１月），南鳥島（1898年７月），沖大東島（1900年９月），そして中鳥島（1908年８月）の４例である。もっとも，中鳥島は実在しないことがその後確認された。なお，小笠原諸島（1876年10月）は，無主地先占の事例とされることもあるが，そうではないとする見解もある。また硫黄島（いおうとう）は，1891年９月９日の勅令により，日本の版図に編入された。この措置が，無主地先占なのか，も

ともと日本の領域（「属島」）であったものを確認したものなのかについての疑義がだされたため（陸奥宗光農商務大臣），同年11月16日の閣議決定により，後者であることが確認された。さらに，1931年7月に東京府小笠原支庁の管轄とされた沖ノ鳥島も，無主地先占の結果ではなく，「従前より東京府の直轄として今日に至れるもの」とみなされた。

　古代ローマ法上の無主物とは所有者のいない動産であり，はなはだ明確な概念である。これに対して，国際法上の「無主地」とは無人の地とは異なり，かりにその地に人が住んでいたとしても，国際法上の国家とみなされるものがその地を実効的に占有していない地域を指す。

　問題は，ある程度の社会的・政治的組織を備えた先住民が居住しているが，いまだ「文明国」に達していない地域が無主地であるかということである。西サハラ事件において，国際司法裁判所は，固有の社会的政治的組織があり，住民を代表する権限をもつ首長の占有下に置かれている地域は無主地ではないという判断を示した（1975年西サハラ事件ICJ勧告的意見）。また，ペドラ・ブランカ事件においても，先住民の首長が「継続的かつ平穏な主権の表示」によって領域主権を原始取得したとの認定を行った（2008年ペドラ・ブランカ事件ICJ判決）。

　現在においては，地球上では，公海に新島が隆起して出現したとか，相当に想定しにくいケースについてしか無主地の存在は考えられない（月などの天体については9章参照）。

　添付は，海岸などの堆積のように，自然現象によって陸地が形成されていく場合である。さらに，干拓や埋め立てなど人工的な添付も存在する。

　割譲（あるいは譲渡）は，条約によってある国家が自国領域を他国に譲渡することである。講和条約による割譲，贈与，売買（たとえば1867年のアラスカ），交換などの方式がある。ネイティブ・アメリカン（た

とえば、チェロキー国）やニュージーランドのマオリ族は、割譲条約によりその領域を譲渡したとみなされている。もっとも、これらの条約が自主的な意思に基づいていたのかについては疑念もある。

　時効が領域権原と認められるのかという点はずっと争われてきた。現在においてもその位置付けは明確とはいえない。歴史的に時効と主張されてきたのは、記憶を越える時代から占有しているという「超記憶的占有」として主張される場合と、ローマ法上の「使用取得」の類推として主張される場合——一定の期間、中断することなく他国の領域を占有していた場合——の２つがある。ともに取得時効である。

　しかし、前者の超記憶的占有は証明がはなはだ難しい。また後者も、古代ローマ法の場合にも近代法の場合にも、通常は時効期間が定められるのであるが（たとえば日本民法では善意無過失の場合の不動産の取得時効は10年）、国際法ではそうした期間の定めはない。国際法では時間の経過により領域主権が移転するというよりはむしろ、関係国が黙認しているという事実に移転の根拠が求められるのではないかという見解もある。

　征服は５つの領域権原のなかでもっとも争われてきた権原である。古代ローマ法の所有権の移転論を類推適用した理論ではなく、論者によっては、上に述べた４つの領域権原とはまったく違う概念として、つまり戦争の効果として説明していた。また、征服はたんなる事実であり、法的権原とみなすことはできないという考えの論者もいた。

　征服を国際法上の領域権原とみる論者によれば、征服とは、戦時において、戦争当事者が、領有の意思をもって、敵国領域の全部または一部を軍事占領するという武力行使を指すとみなされた。そして、講和条約の締結あるいはその他の方法で戦争が終結していることも必要とされた。

　戦争が一般的に禁止された現在においては（この点は14章参照）、征

服が領域権原として認められないということは，確立した国際法上の原則とみなされる。

（3） 領域の喪失

　領域の取得を問題とする領域権原論とはべつに，国家が領域を喪失する場合も考えておかなければならない。領域の取得と喪失はいつも裏表の関係にあるわけではないからである。領域喪失の事由としては，割譲，放棄，自然作用，消滅時効，征服，反乱などがある。

3. 領域紛争の解決

（1） 領域紛争の存在

　領域をめぐって起きる紛争は，厳密にいえば，国境線をどこに引くかというもの——「国境紛争」——と，ある特定の地域がどの国家に帰属するかというもの——「領域紛争」（狭義の意味での）——とに分けられる。国内において，甲の土地と乙の土地の境界をどこに引くかに関する紛争と，ある土地の所有権が甲と乙のどちらに帰属するかに関する紛争とは，区別されるということになぞられることもある。もっとも，最近の国際司法裁判所の判決では，さまざまな要因を総合的に勘案して紛争解決がはかられるということもあり，こうした区別を否定する傾向にある（1986年ブルキナファソ＝マリ国境紛争事件 ICJ 判決など）[2]。

　もう１つの問題は，紛争の存在がどのようにして確定できるかということである。これは領域紛争にかぎらないが，ある国家が紛争が存在すると主張するのに対して，他の国家は紛争はそもそも存在しないと主張した場合には，どのようになるのであろうか。後に説明するように，日

---

[2]　2015年10月29日の南シナ海仲裁事件（フィリピン対中国）の管轄権および受理可能性判断にみられるように，権原紛争（entitlement dispute），国境紛争，領有紛争という３つに綺麗にわけることができるとする判断もある。ただし，こうしたとらえ方が今後一般的となっていくかは不透明である。

本がかかわっている竹島問題や尖閣諸島問題などは，まさにこの点が正面から問題となっている。

国際司法裁判所は，領域紛争に関してではないが，国際紛争の存在は客観的に決定すべき事項であり，紛争の存在をたんに否定することによって紛争の不存在が証明されたことにはならないと判示したことがある（1950年ブルガリアなどとの講和条約の解釈に関するICJ勧告的意見）。

もっとも，一方当事国が紛争が存在しないと主張している場合には，交渉の糸口もないため，事態を解決するのははなはだ困難である。これは，国際裁判所が国内裁判所とは異なり，多くの場合，強制管轄権をもっていないということに起因している。

紛争の存在については，核軍備競争の停止と，核軍縮に関する交渉義務事件が注目される。マーシャル諸島共和国が，核軍備競争の早期の停止と，核軍縮に関する交渉義務を果たしていないとして，イギリスなどを相手に提訴した事件である。2016年10月5日に出された，国際司法裁判所の判決では，従来と異なる見解が示された。つまり，「紛争が存在するのは，証拠に基づき，みずからの見解が原告によって明確に反対されていることを被告が認識していたこと」が示される場合であるとした。原告国との見解の相違を，被告国が認識していなければ紛争は存在しないという判断である。こうした判断についてはいろいろな批判もなされている。こうした考えが一般的となっていくかは，現段階では不透明である。

（2）国際裁判における領域紛争の解決

海洋画定の問題も含めると，領域紛争は，最近の国際司法裁判所が扱う事件のかなりの部分を占めるようになっている。また，国際海洋法裁判所にも付託されるようになった。これらの国際判例を分析し，裁判所

がどのような基準を用いて紛争を解決しようとしているかを探ることは，現在このうえなく重要な作業となっている。

　国家間で領域をめぐって紛争となるのは，当然のこととして，事実関係がはなはだ複雑で多様な場合が多い。さきに挙げた領域権原のどれかに明瞭にあてはまり，その要件を満たしていれば，そもそも紛争は生じないはずである。実際には，先占といっても本当に無主地なのか，実は他国の領域だったのではないか，また，先占に必要な実効的占有をどちらの国家がしてきたといえるか，といった事実関係の認定がはなはだ困難なことが多い。

　領域紛争に関する国際裁判で，後世にもっとも大きな影響を与えたといわれるのが，1928年のパルマス島事件常設仲裁裁判所判決である（仲裁人はスイス人のマックス・フーバー）。この判決で，領域主権の機能や領域権原（「領域主権の継続的で平穏な表示」が権原に匹敵するとみなされた）についての明確な説明が与えられた。それとともに，時際法と決定的期日という手続規則も明確にされた。

　時際法とは，ある行為の効果は，その行為がなされた時点の法律によって決定されるべきであり，いわゆる遡及立法は認められないとする考えである。決定的期日とは，紛争の裁定にとって決定的とみなされる時点のことであり，それ以降の事実は裁判を行うにあたっては考慮されない。これらの規則は，内容については少し変化してきているといわれることもあるが，手続規則として存続している。

　裁判所は実質審理のなかでは，紛争当事国間に，紛争地域に関連する，境界画定条約などの条約がないかを検討する。条約がある場合には，それに基づく解決がまずはかられる（たとえば，2002年領土・海洋境界事件ICJ判決）。

　条約以外でも，植民地から独立した新国家がその国境線として，植民

地時代の行政区画線を用いるという現状承認原則（ウティ・ポッシデティス原則）が当事国で合意されている場合がある（1986年ブルキナファソ＝マリ国境紛争事件 ICJ 判決参照）。また，関係諸国の黙認または承認，さらには抗議などが判断基準とされることもある（1933年東部グリーンランド事件 PCIJ 判決や2008年ペドラ・ブランカ事件 ICJ 判決など）。

　以上のような，当事国間のなんらかの合意や関係諸国の黙認・承認・抗議などがない場合に，裁判所は，さきに挙げた領域権原のどれかに該当するというかたちで結論を出すというよりは，「領域主権の継続的で平穏な表示」を基準として判断してきている（たとえば，1953年マンキエ・エクレオ事件 ICJ 判決など）。また近年，従来は現状承認原則との関係で用いられてきた「エフェクティビテ」（植民地当局の行動）という特有の概念[3]を，必ずしもそれと同一ではない意味で用いてそれに依拠する判例も出てきている（2002年リギタン島およびシパダン島事件 ICJ 本案判決）。

　さらには，国際裁判所は，ある１つの絶対的な権原を確定するのではなくて，当事国がそれぞれ主張する権原の相対的な強さを計ること，つまりどの当事国の主張する権原のほうが裁判官にとって説得的なものとみなされるかによって，紛争を解決する手法も取ってきている（1953年マンキエ・エクレオ事件 ICJ 判決）。

　こうした判例の動向が，伝統的な領域権原論とどのような関係にあるかについてはいくつもの見方が存在する。判例の動向を受けて，「権原の歴史的凝固」の理論（ドゥ・ヴィシェール）など，動態的な領域権原論も唱えられている。

---

[3]　エフェクティビテについては，「独立後のエフェクティビテ」という使われ方もあるし，さらに最近では，「主権の継続的かつ平穏な表示」のいいかえとして使われる場合が増えている。この概念については，許淑娟『領域権原論』（東京大学出版会，2012年）が詳しく分析している。

(3) 日本の領土問題
(a) 北方四島

日本がかかわっている領土問題としては，北方四島，竹島，尖閣諸島がある。択捉島，国後島，色丹島，そして歯舞群島のいわゆる北方四島は，日本が「わが国固有の領土」と主張している地域である。

日本とロシアの最初の条約である，1855年の日魯通好条約では，ウルップ島と択捉島の間が両国の国境と明確に規定された（2条）。その後の，1875年の樺太千島交換条約でも，1905年のポーツマス講和条約でもこの点について変更する規定はいっさいなかった。第二次世界大戦中に，旧ソ連は，1945年2月の米・英・ソ間のヤルタ協定（秘密協定）[4]に基づき，北方四島のほか千島列島のすべての島および南樺太を軍事占領した。その後一貫して実効的支配を続けてきている。

日本は，1951年のサンフランシスコ平和条約で千島列島と南樺太を放棄した。もっとも，旧ソ連は本条約の締約国ではなく，また放棄先も明記されなかった。日本政府は本条約で放棄された千島列島には，北方四島は含まれないという解釈をとっている。

1956年の日ソ共同宣言（宣言という名称であるが，正式の条約）で，両国間の平和条約締結後に，色丹島と歯舞群島が日本へ引き渡されると規定されたが（9項），現在に至るまで平和条約は締結されていない（日ソ間の戦争状態はこの共同宣言1項により終了している）。

(b) 竹島

隠岐諸島の北西に位置する，東島，西島，数十の岩礁からなる島が竹島（韓国名は独島）である。韓国は1900年の勅令41号により，日本は1905年の閣議決定により，自国領であることを再確認したという主張をそれぞれが行っている。両国とも，固有の領土であるという主張である。

---

[4]「協定」という名称であるが，当事国である米国は，当時の連合国の首脳者が共通の目標を述べたものにすぎないのであり，領土を移転するような，いかなる法律的な効果をもつ条約ではないとみなしている。

1905年以降は，日本の民間人が貸し下げを受けて，1941年まであしかの漁獲に従事していた。しかし，第二次世界大戦後の1952年，韓国は海洋主権宣言（李承晩宣言）を行い，竹島（独島）を自国領土と主張し，警備隊員を常駐させるとともに，さまざまな施設を建設した。現在は民間人も居住している。

　1951年のサンフランシスコ平和条約では，日本は「済州島，巨文島，および鬱陵島を含む朝鮮」を放棄したが（2条〔a〕），このなかには竹島は明記されなかった。

　日本は1954年，1962年，そして2012年の3度，韓国政府に対して国際司法裁判所への提訴を正式に提案した。しかし，韓国政府は一貫して，この島をめぐる紛争は存在しないという立場をとってきている。

（c）尖閣諸島

　沖縄の南西に点在する，魚釣島など5つの小島と3つの岩礁からなるのが尖閣諸島である。日本政府は1895年1月14日に，これらの島は無主地であるとみなし，日本に編入するという閣議決定を行った。1885年から10年間をかけて調査を行い，その末の決定であった。この間，1885年には内務卿山県有朋，1890年には沖縄県知事がこれらの島の編入を具申したが，そのときにはまだ調査中とされていた。

　この島は，1895年4月の下関講和条約にも，1951年のサンフランシスコ平和条約にも，いっさい明示された規定は存在しない。また，1971年の沖縄返還協定のなかには，日本へ返還される島として，これらの島が明記されていた。

　中華人民共和国（および台湾当局）が正式にこの島の領有を主張し始めるのは，1971年である。1960年代後半に行われた海洋調査で石油・天然ガスの埋蔵が明らかになったことが契機であるともいわれる。中国側は，歴史的，地理的ないし地質的根拠を挙げている。

この諸島は現在日本の実効的支配の下にあり，日本政府はこの諸島をめぐって領域紛争は存在しないという立場をとってきている。

学習課題

1. 5つの領域権原が現に適用される事例を念頭に置きながら，領域権原論が生み出されてきた歴史的背景について考えてみよう。
2. 「わが国固有の領土」という考えは，国際法的にみて意味のあるものであるか。

参考文献

太壽堂　鼎『領土帰属の国際法』（東信堂，1998年）
深町朋子「現代国際法における領域権原に関する一考察」『法政研究』61巻1号（1994年）
松井芳郎『国際法学者がよむ尖閣問題』（日本評論社，2014年）
百瀬　孝『史料検証　日本の領土』（河出書房新社，2010年）

9 | 海洋およびその他の地域・空間

≪学習のポイント≫　国家領域である陸地以外の地域・空間，すなわち，海洋，空，宇宙空間，南極などについては，それぞれに固有の制度が存在する。とくに海洋に関する規律は，ここ30年の間に激変した。
≪キーワード≫　公海，領海，排他的経済水域，大陸棚，深海底，海洋の境界画定，空，宇宙空間，極地

1．海洋に関する国際法の発展

（1）伝統的国際法における海洋法秩序

　国家領域である陸地以外の地域・空間については，それぞれに歴史的変遷をともないつつ，固有の制度が存在してきた。とくに海洋に関する規律については，400年間にわたって伝統的制度が徐々に形成されてきた。そして，とりわけここ30年の間に，海洋の法制度は激変した。

　海は古来，人や物の交流のための交通路としても，資源の宝庫としても，はなはだ重要な役割を果たしてきた。近代国家の形成過程で，陸地が領域として構成されていくなかで，陸地に接続する海洋もまた，それぞれの国家の領域とみなすべきか，あるいは，そもそも海洋は国家の領域となり得ない地域なのか，さらには，領域とするとどこまでの範囲を領域とすべきなのか，ということが争われた。グロティウスの『自由海論』（1609年）とセルデンの『閉鎖海論』（1635年）との対立は，象徴的な意味でよく引用される。

こうした議論は，陸地と海洋のありようの違い（「囲い込み」が可能かなど）とともに，航路の確保や漁業資源の配分などの要素をも反映していた。

伝統的国際法が完成する19世紀後半までには，海洋については，陸地のまわりのごく一部の海域は沿岸国が領域（領海）とすることができ，その外の広大な水域は公海として，どの国家も領域とはできず，航行・漁業の自由が認められるという制度が確立した。もっとも，領海の幅をどこまでとするか，3カイリなのか6カイリなのか，あるいはもっと広いのかについては諸国の慣行は一致しなかった（カイリは陸上のマイルとは異なる。海のマイル〔＝海里〕であり，1カイリが1,852メートルと正式に定められたのは1929年のことである）。

また，領海は国家の領域であることは間違いないが，そこでは，外国船舶は無害通航権をもつとされる。そうした制度は陸地にはみられない。それは，海洋は交通路として大きな役割を果たしてきたという歴史的経緯によってしか説明できない制度である。

（2）新しい海洋法秩序

以上のような，海洋を公海と領海に二分するという考え方は，第二次世界大戦後，いろいろな方向から修正を迫られてきている。大陸棚，漁業水域ひいては排他的経済水域，深海底，公海におけるさまざまな国際的規制の要請（漁業や海洋環境など）などである。1958年のジュネーヴ4条約（領海および接続水域，公海，大陸棚，漁業資源保存）を経て，1982年には国連海洋法条約（以下，海洋法条約と呼ぶ）が採択された。

海洋法条約は，採択後30年以上を経過して，新しい海洋法秩序として国際社会に定着しつつあるといえる。締約国は168ヵ国に及ぶ。しかし，米国はジュネーヴ4条約の締約国ではあるが，海洋法条約の締約国では

ない。

　海洋法秩序は現在，ジュネーヴ4条約，海洋法条約，漁業や生物資源などに関する二国間条約や多数国間条約（たとえば，日韓漁業協定や国際捕鯨取締条約など），それに慣習国際法が混在している状況である。

2．海洋の法制度

（1）公海

　伝統的国際法においては，公海には公海自由の原則が妥当するとみなされた。この原則は，すべての国家が公海を自由に利用できること，および，どの国家も公海を自国領域に編入するのは認められないことを意味する。公海上を航行する船舶は旗国の管轄権にのみ服すとみなされた。旗国主義と呼ばれる考えである。

　公海利用の自由といっても，時代によりいくつかの制約が存在してきた。現在では，他国の公海利用の自由に「妥当な考慮」を払うことが求められるし，平和目的の利用に限定される（軍事演習は可能）（海洋法条約87条，88条）。また，海賊船舶や飛行機に対しては，どの国家も執行管轄権や司法管轄権を行使することができる（同条約107条）。

　これ以外にも，国家が特定の条約の締約国となることにより，その条約上の規律に従う義務をもつこともある。国際捕鯨取締条約による鯨族の保護のための規制とか，海洋汚染防止条約など海洋環境保護を目的とする諸条約による規制などがある。

　公海を自国領域にできないことの理論的根拠がどこにあるのかは，実はあまり明確ではない。公海はかつて「神の領地」であると主張されたこともあるが，現在その法的位置付けをめぐって意見の一致があるわけではない。すなわち，無主物なのか共有物なのか公物なのかという議論

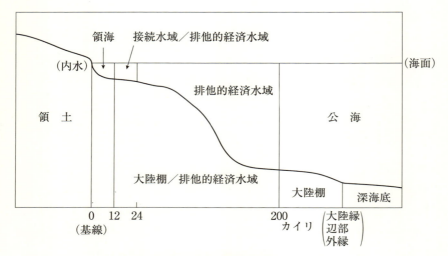

図9-1 国連海洋法条約上の海域の区分

である。いずれのとらえ方によっても十分な理論的説明を与えることは難しい。

公海自由の原則の例外として歴史的に認められてきた制度として、追跡権（継続追跡権とも呼ばれる）がある。この権利に基づき、沿岸国は、その領水において（海洋法条約によれば、さらに、接続水域・排他的経済水域・大陸棚においても）、自国の法令に違反したとみなされる外国船舶を公海上にまで継続して追跡し、執行管轄権や司法管轄権を行使できる。

（2）領海・内水・接続水域

領海は基線によって測られる。基線には、海岸の低潮線（沿岸国が作成する大縮尺海図に記載されたもの）である通常基線と、直線基線（点在する島を結ぶ直線、または、三陸海岸のように著しく曲折した海岸線

を直線で引いた線）の2種類がある。どの海岸線にどの基線を採用するかは，基本的には国家が決定できる。

　領海の幅は，19世紀以来もっとも争われてきた論点の1つである。各国の実行には一致がみられなかった。海洋法条約では最大12カイリとされた。現在ではほとんどの国家が12カイリとしている（日本は1977年の領海法による。ただし，宗谷海峡など5つの特定海域は3カイリとされている）。

　領海は領域である以上，沿岸国の領域主権が基本的には及ぶ。国家管轄権も基本的には及ぶことになる。ただし，領海には，領土や領空には存在しない，外国船舶の無害通航権という固有の制度がある。

　外国船舶（軍艦も含まれるかについては争いがある。これについては第2章参照）は，「無害な」「通航」であれば，個別に沿岸国の許可を得ることなく，その国家の領海を通航する権利をもつというのが，無害通航権の制度である。歴史的にはとくに，なにが有害かという点が争われてきた。海洋法条約では有害にあたる場合を列挙した（19条2項）。たとえば，兵器を用いる訓練や演習，故意のかつ重大な汚染行為，漁獲活動，調査活動や測量活動の実施などである。

　無害通航権に基づいて航行している外国船舶（および，その乗組員や乗客すべて）に対しても，沿岸国の属地管轄権が及ぶとみなされる。ただし，外国船舶に対する刑事裁判権や民事裁判権の行使については一定の制約がある。

　基線の内側の水域，すなわち，湾，港，入江，河口，内海などは内水と呼ばれる。内水と領海を合わせて領水と呼ばれる（さらには，後述する群島水域も含まれる）。内水は領海とは異なり，外国船舶に無害通航権は認められない。内水は，基本的には領土と同じ法的地位をもつとみなされる。ただし，たとえば外国船舶内で起きた犯罪については，その

根拠については意見の対立があるが，沿岸国は刑事裁判権を行使しないのが一般的である。

　沿岸国は，通関・財政・出入国管理・衛生という目的のために，領海の外側の海域に，接続水域を設定することができる。海洋法条約では基線から24カイリ以内と規定された。

　海洋法条約では，フィリピンやインドネシアなどのように島が密集している地域には群島基線を引き，その内側の水域を群島水域とすることができる。沿岸国の主権が及ぶが，隣接国の伝統的な漁獲の権利などを認めなければならない，という特別の制度である。

　また，国際航行に使用されている海峡は国際海峡とされ，通過通航制度という特別な航行制度が認められている。無害通航権よりは緩やかな条件の下に認められる航行の権利であり，船舶だけではなく，航空機にも認められる。

（3）排他的経済水域

　領海の幅がなかなか確定できない第二次世界大戦後の状況のなかで，領海の拡大を要求する国々のなかには200カイリを主張する国もあらわれた。海洋法条約の起草過程において，領海の幅を12カイリに限定する一方で，200カイリまでの沿岸国の資源開発，とくに漁業に関する権利を与える制度として生み出されたのが，排他的経済水域であった。

　排他的経済水域は，海洋法条約上の特別の制度である。現在では米国などの非締約国も採用しており，国際社会に広くみられる制度となっている。日本では1996年に，排他的経済水域及び大陸棚に関する法律が制定された。日本は領域だけの面積では世界で61番目であるが，領水と排他的経済水域の面積は世界で6番目であるといわれる。

　沿岸国は，排他的経済水域において（領海を12カイリと設定すれば，

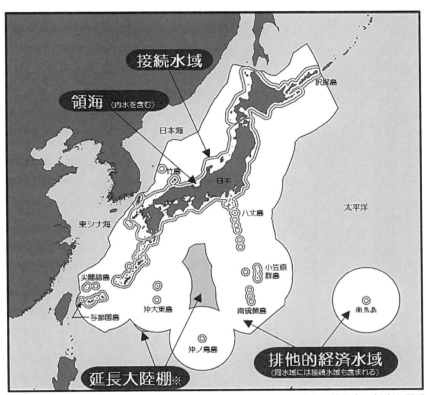

なお，本概念図は，外国との境界が未画定の海域における地理的中間線を含め便宜上図示したものです。

国土面積	約38万 km²
領海（含：内水）	約43万 km²
接続水域	約32万 km²
排他的経済水域（含：接続水域）	約405万 km²
延長大陸棚※	約18万 km²
領海（含：内水）+排他的経済水域（含：接続水域）	約447万 km²
領海（含：内水）+排他的経済水域（含：接続水域）+延長大陸棚※	約465万 km²

※　排他的経済水域及び大陸棚に関する法律第2条第2号が規定する海域

図9-2　日本の領海等概念図（海上保安庁海洋情報部ホームページ掲載）

排他的経済水域は188カイリとなる），天然資源の探査・開発・保存・管理，および，経済的目的で行われる探査・開発のための活動（海水・海流・風からのエネルギーの生産など）に対する主権的権利をもつ。また，人工島の設置，海洋の科学的調査，海洋環境の保護・保全などについての管轄権をもつ。

　主権的権利と管轄権の区別はかならずしも明確ではない。注意すべきなのは，排他的経済水域には，沿岸国の領域主権は及んでいないということである。沿岸国は，上記のような，特定の事項についてのみ権利をもつので，「主権的権利」という，それまでには存在しなかった，新しい用語が作られた。

　この主権的権利の行使については，国内法令を制定する権利のほかに，その法令の遵守を確保するために必要な措置（乗船，検査，拿捕，司法上の手続）をとることもできる（73条）。立法管轄権のみならず，執行管轄権や司法管轄権も認められていることになる。

　海洋法条約では，とりわけ生物資源について詳細な規定が置かれている。沿岸国には，最大持続生産量を実現できる水準に漁業資源を維持する義務がある。そのために，漁獲可能量を決定し，自国の漁獲能力がこれに満たないときには，他国に漁獲を認めなければならない（62条）。

　こうした一般的な魚種についての規定とは異なり，カツオ・マグロなどの高度回遊性魚種，鯨などの海産哺乳動物，サケ・マスなどの溯河性（さくかせい）資源，ウナギなどの降河性の種，真珠貝・海綿・カキ類などの定着性種族（エビ・カニなどの甲殻類が含まれるかについては争いがある）については，特別の規定が置かれている（64条〜68条）。さらに，高度回遊性魚種とストラドリング魚種（タラやヒラメなど，排他的経済水域と公海にまたがって生息する魚種）については，1995年に国連公海漁業協定という特別の多数国間条約が成立している（日本は2006

年に批准した)。

(4) 大陸棚

　大陸棚の主張は，1945年9月の米国大統領トルーマンの宣言が最初である。その後，大陸棚に対する権利を主張する国家が続いた。こうした状況を受けて，1958年のジュネーヴ4条約の1つとして，大陸棚条約が採択された。締約国は59ヵ国である。米国のように，本条約の締約国ではあるが，海洋法条約の非締約国という場合には，現在もこの条約が適用される。

　大陸棚条約によれば，大陸棚とは，海岸（島の場合も含む）に隣接しているが，領海の外にある海底区域の海底およびその下で，水深が200メートルまでのものとされる。ただし，200メートルを超えても，海底区域の天然資源の開発を可能にするところまでを含む（1条）。

　沿岸国は，大陸棚の探査，および，その天然資源の開発についての，主権的権利をもつ。天然資源とは，石油・天然ガスなどの鉱物資源および定着性種族を指す。

　海洋法条約と大陸棚条約のもっとも大きな相違点は，大陸棚の範囲である。海洋法条約では，大陸棚は沿岸国の「領土の自然の延長をたどって」と規定されているものの，基本的には基線から200カイリまでという距離を基準としている。これにより，大陸棚条約に比べて飛躍的に大陸棚の範囲が広がったことになる。さらに，200カイリを越えても，一定の条件を満たせば，「延伸大陸棚」として認められることがある。沿岸国の情報提供を受けて大陸棚限界委員会（地質学，地球物理学，または水路学を専門とする21名の委員で構成される）が勧告を行い，そのうえで沿岸国が大陸棚を設定するという制度である（76条）。

　排他的経済水域と大陸棚については，島と岩の区別が重要である。海

洋法条約121条に規定があり，島と区別される岩は，領海や接続水域は有するが，排他的経済水域と大陸棚を有さないとされている。この島と岩の区別の基準については，国家実行上も学者の見解も，大きな相違が現在も存在している（2016年7月2日の南シナ海比中仲裁判断も参照）。

（5）深海底

1982年の海洋法条約の起草過程のなかでもっとも争われた論点の1つが，深海底制度である。これについての最初の主張は，1967年の国連総会におけるマルタの国連大使パルドの提案であった。

これを契機として，公海の下の深海底について新しい国際制度を作るべきかが検討されることになった。深海底には，マンガン団塊やコバルト・リッチ・クラストや海底熱水鉱床などの，希少金属を含む鉱物資源が豊富に存在している。公海の下の海底部分であるので，各国が本来は自由に開発できる。ただ水深数千メートルの海底であるため，これを開発できるのは，ごく一部の技術先進国に限られてしまう。

長い審議の末に，海洋法条約では，深海底とその資源は「人類の共同の財産」と規定された（136条）。いかなる国家も主権や主権的権利を主張することが禁止された。そして，新たに設置される国際海底機構が資源の開発を行うとともに，同機構と提携することを条件として，各国も資源の開発を行うことができると規定された。

米国を中心として，先進国の間ではこうした深海底制度に対する反対がはなはだ強かった。海洋法条約の採択後，各国は，その国内法によって深海底の鉱区を設定し，開発のための作業を進めていった。こうした状況を受けて，1994年に国連海洋法条約第11部実施協定が締結された。同協定では，国際海底機構の権限を弱めるとともに，海洋法条約に規定されている，各国による開発に関するさまざまな条件や制限（生産制

限，技術移転など）を緩和した。これにより，先進国が次々と海洋法条約を批准していった（日本の批准は1996年）。もっとも，採算の関係から，深海底の鉱物資源の本格的開発にはなお時間を要するとみられている。

3．海洋の境界画定

（1）領海

海洋の境界画定には，領海の境界画定と排他的経済水域・大陸棚の境界画定の2種類が存在する。

領海の境界問題は，二国の海岸が向かい合っているか，隣接している場合に生じる。排他的経済水域制度ができてからは，この制度を採用しない国同士，あるいは，向かい合っている沿岸国の距離が24カイリ以内の場合にのみ，この問題は生じることになった。

これについては，別段の合意がないかぎり，基線上のもっとも近い点から等しい距離にある中間線を境界とすることになっている（「中間線」，「等距離線」と呼ばれる）。1958年の領海条約でも海洋法条約でも同一の規定である。

（2）排他的経済水域と大陸棚

現在，国家間で頻繁に紛争となっているのは，排他的経済水域と大陸棚の境界画定である。東シナ海における日中間の境界問題もその1つである。

排他的経済水域と大陸棚はそれぞれに異なる制度であるが，境界画定については，1つの線によって両者の境界とするというのが現在では一般的となっている。

問題は，境界画定の基準である。大陸棚条約では，合意がない場合には中間線・等距離線によると規定されている（6条）。ところが，海洋法条約では，衡平な解決を達成するために，国際法に基づいて合意により画定すると規定されている（74条と83条）。このように大きく異なる規定がされた背景には，1969年の北海大陸棚事件 ICJ 判決があるといわれている。

　「衡平な解決」を実現するための具体的な方法については，いくつもの国際判決の積み重ねがみられる（1985年リビア＝マルタ大陸棚事件 ICJ 判決，1993年ヤン・マイエン海洋境界画定事件 ICJ 判決など）。そうしたなかで，現在一般にとられている方式は2段階方式である。まず暫定的に等距離線が引かれる。次に，「関連ある事情」を考慮して，衡平な解決を実現するために，等距離線に一定の修正を加え，最終的な境界とするという方式である。

　考慮すべき「関連ある事情」がないときには，等距離線が境界とされる。「関連ある事情」とは，島の存在，海岸線の長さ，海岸線の特異な形状などの，海岸の地理的要因を指すとみなされる。

　さらに，最近の判例では，これらの2段階に加えて，海岸の長さの比率と関連水域の比率との「均衡性」を考慮し，衡平性の最終的な検証を行うという第3段階を設定する例がみられるようになっている（2009年黒海境界画定事件 ICJ 判決，2012年バングラデシュ＝ミャンマー海洋境界画定事件 ITLOS 判決）。

4．空・宇宙空間

（1）空

　空は領空と公空に2分される。国家の領土と領水の上空の空が領空で

あり，それ以外の地域の上空が公空（もっともこの用語が一般的といえるかは疑問の点もある）である。

　領空に対して国家は「完全かつ排他的な主権」（パリ条約1条）をもつ。領海とは異なり，領土と同じ意味での領域主権が領空には及ぶということを意味する。

　外国の飛行機には無害通航権に相当するような権利は認められないので，領域国の許可がない場合に領空に進入すると，領空侵犯とみなされる。遭難などの場合を除き，国際法違反行為である。領空侵犯をした民間飛行機に対して武器を使用できるかについては争いがあった（1983年の大韓航空機撃墜事件を参照）。現在では，国際民間航空条約（シカゴ条約）に，武器使用を差し控える義務に関する規定が設けられている（3条の2）。

　シカゴ条約では，民間航空機の不定期飛行については一定の範囲で無許可の飛行の自由を認めた。定期飛行については通常二国間航空協定による。

　公空においては，飛行機は自由に飛行できる。旗国主義が適用されて，国籍国の管轄権に服す。

（2）宇宙空間

　領空と公空の上の空間（境界がどこにあるかは明らかではない），および，月その他の天体を合わせて，宇宙空間と呼ばれる（宇宙条約1条）。1950年代後半以降，人工衛星や宇宙ステーションなどによって宇宙空間の利用が可能になったことにより，その国際法上の地位をどのようにするかが問題となった。

　最初の問題は，地球と同じように，無主地先占の理論を認めるかという点であった。宇宙開発の当初の段階から，宇宙空間は国家領域とはし

ないという点は明確であった。1966年の宇宙条約では，宇宙空間は国家による取得の対象とならないことが明記された（2条）。

　月などの天体も国家の領域としてはならないことになる。それ以上の規律があるかは議論のあるところである。月その他の天体については，1979年の月協定により，人類の共同の財産と規定され，どのような所有権も設定できないとされている（11条）。もっとも，この条約は，締約国が17ヵ国にすぎない。

　宇宙空間については，すべての国家が探査と利用，立ち入り，そして科学的調査の自由をもつ（宇宙条約1条）。また，天体については軍事基地の禁止も含めて平和的利用のみが許されているが，天体以外の宇宙空間については，大量破壊兵器の打ち上げのみが禁止されている（4条）。通常兵器の配置は許されている。

　宇宙空間は国家領域とはできないので，宇宙物体と乗員については，基本的には宇宙物体の登録国が管轄権を有するとみなされる。宇宙ステーションなどのように，複数の国家が協力して行う活動の場合には，管轄権の競合の問題が生じる。

　宇宙物体の打ち上げなど，宇宙活動には高度な危険がともなう。国家の国際責任の原則をそのまま宇宙活動に適用するのは好ましくないとみなされている。

　まず，帰属の問題が大幅に修正されている。国家機関か非政府団体かを問わず，すべてが国家の責任になるとされる。国家への責任集中原則と呼ばれる。

　また，国家の責任としては，宇宙活動が宇宙条約の規定に従って行われることを確保する責任――保証責任――のほかに，損害が発生したときの損害賠償責任がある。損害賠償の細則は，1972年の宇宙損害責任条約が規定する。とくに，宇宙活動によって，地表および飛行中の飛行機

に損害を与えた場合には，無過失責任原則が採用されている（2条）。

5．極地

（1）南極

　南極には南極大陸という広大な陸地部分が存在する。地球上の他の陸地と同様な扱いをするとすれば，どこかの国家の領域となっていてもおかしくない地域である。実際に19世紀から20世紀初頭にかけて南極大陸の探検が進むと，英国など，領域であることを主張する国々（全部で7ヵ国）があらわれてきた。

　その際の特色は，無主地とみなして実効的支配している地域の領有を主張するのではなく，セクター理論を主張したことであった。セクターとは，極点を頂点に2本の子午線と1本の緯度線で囲まれる扇形の区域のことである。

　こうした主張に対して，南極の領有に明確に反対する国家も存在した（米国，日本，南アフリカなど5ヵ国）。

　1959年にこれらの12ヵ国が集まり，南極条約が採択された（現在の締約国は53ヵ国）。この条約では，領土権・請求権が凍結された（4条）。もっともこれはあくまでも「凍結」であり，今後の領域主権設定の可能性が否定されたわけではない。

　南極の資源保存や環境保護については，いくつかの多数国間条約が採択されている。

（2）北極

　北極はいくつかの小島と海洋からなる地域であり，南極大陸のような大きな陸地が存在するわけではない。かつてはセクター理論の適用を主

張した国家（カナダとロシア）もあったが，現在では存在しない。北極については現在，海洋環境の保護をどのようにはかるか，また排他的経済水域・大陸棚の境界画定をどのように行うかが問題となっている。

学習課題

1. 領海の幅をめぐって，諸国間で長らく合意ができなかった理由はなにか。
2. 日本の沖ノ鳥島の事例を念頭に置きながら，島と岩を区別する国連海洋法条約121条の意義について考えてみよう。

参考文献

小田　滋『注解国連海洋法条約　上巻』（有斐閣，1985年）
栗林忠男・杉原高嶺（編）『現代海洋法の潮流』（第1巻〜第3巻，有信堂，2004年，2007年，2010年）
国際法学会(編)『日本と国際法の100年　第2巻　陸・空・宇宙』（三省堂，2001年）
田中則夫『国際海洋法の現代的形成』（東信堂，2015年）
村瀬信也・江藤淳一（編）『海洋境界画定の国際法』（東信堂，2008年）

10 ｜ 国際法における個人

≪**学習のポイント**≫　時代により異なるものの，国際法はいろいろなかたちで個人についての規律を行ってきている。個人（自国民や外国人）との関係での国家の権利義務，国境を越える個人の活動や移動についての基準，個人の権利そのもの，個人の国際犯罪などである。人権は次の章で扱う。
≪**キーワード**≫　国籍，外国人の法的地位，犯罪人引渡，難民の保護，個人の国際犯罪

---

1. 国籍

（1）国籍の機能と決定

　近代ヨーロッパにおいてはじめて登場した国籍の制度は，私人（自然人と法人）をある特定の国家に所属させる法的な紐帯である。国籍により国民の地位を得た私人は，どこに所在しようとも国籍国の属人的管轄権の下におかれる。国家はまた，自国民に対して外交的保護権を有する。近代国家は領域国家であるとともに，「国民国家」でもある。
　国籍の付与はそれぞれの国家の法令による。出生による付与としては血統主義と生地主義がある。父母の国籍を基準とする血統主義は，ヨーロッパの国々や日本・中国・韓国やイスラーム諸国などで採用されている。父親の国籍のみを基準とする父系血統主義と，父または母のどちらでもよいとする父母両系血統主義がある。米国やカナダなどの諸国は，出生地を基準とする生地主義をとる。

これ以外に，婚姻・養子縁組，帰化，国家承継による国籍付与の方式もある。日本では，婚外子については認知だけではなくて，父母の婚姻により嫡出子の身分を得ることも婚外子の国籍取得のための要件としていた。しかし，最高裁の違憲判決もあり（2008年6月4日），2009年に国籍法が改正され，父母の婚姻を要件とはしないことになった。

　どのような私人にどのような条件で国籍を付与するかについては，原則として各国が自国の法令に基づいて独自に定めることができる。国籍の決定は国内管轄事項である。たとえば，父系血統主義を採用することも，国際法上ただちに違法とみなされるわけではない。ただし，女子差別撤廃条約の締約国であれば，国籍の取得・変更・保持について，女子には男子と平等の権利が与えられるとともに，父母は子どもの国籍について平等の権利を与えられるので（9条），留保をしていないかぎり[1]，この条約違反とみなされる可能性が高いことになる（1984年の日本の国籍法改正を参照）。

　また，帰化の場合に必要とされる，一定期間の居住，年齢や行為能力，素行，独立の生計能力などといった諸条件は，あくまでも各国の国内法によって規定される。居住については，日本の国籍法では5年以上の居住（配偶者が日本国民の場合には3年）が必要とされている。しかし，一般国際法上の規律が存在しない以上，たとえば1ヵ月以上の居住期間があれば帰化の条件を満たすとする国内法の規定も，ただちに違法とみなされるわけではない。

（2）国籍の国際的対抗力と抵触

　国内法上有効に与えられた国籍であっても，常居所や職業活動の本拠など，私人と国籍国との間に「真正な結合」がない場合には，国際法上は有効とみなされない，いいかえれば，国際的対抗力が認められない

---

[1] 締約国となっているイスラーム諸国のほとんどは，「イスラームのシャリーア〔＝社会生活のすべてを包摂するイスラーム法〕の掟に反しない限り」という留保を付けている。こうした広範な留保が許されるかは疑問視されている。

ことがある（「真正連関理論」）。

　この問題で現在もリーディング・ケースとみなされるのが，ノッテボーム事件（1955年 ICJ 第2段階判決）である。グアテマラで事業に従事していたドイツ人ノッテボームに対して，1939年リヒテンシュタインがほとんど居住の経歴がないにもかかわらず国籍を付与した。国際司法裁判所は，ノッテボームとリヒテンシュタインとの間に「真正な結合」がないとみなし，リヒテンシュタインが，ノッテボームの財産を収用したグアテマラに対して外交的保護権（この権利については7章参照）を行使することはできないとした。

　国家により国籍付与の条件が異なることもあって，2つ以上の国籍をもつ者（重国籍者），あるいは，国籍をまったくもたない者（無国籍者）が生じることがある。国籍の抵触と呼ばれる問題である。国内法や条約で，こうした国籍の抵触を回避するための方策が規定されていることもある。

　とくに児童については国籍を取得する権利が条約に明記されており，また，無国籍となることを防ぐ国家の義務も定められている（自由権規約24条3項，児童権利条約7条など）。

2．外国人の法的地位

(1) 外国人の出入国

　国籍の概念により，内国民と外国人の区別が生まれる。それぞれがどのような権利義務をもつかは基本的にはそれぞれの国家の国内法による。ただし，一定の範囲で国際法（条約と慣習国際法）の規律も及ぶ。

　外国人の入国を認める義務は，慣習国際法上存在しない。もっとも，通商航海条約などの二国間条約で，相手国国民の入国・在留の権利を認

めることはよく行われる（たとえば日米友好通商航海条約1条）。

そうした条約がなければ，個別に特定の外国人の入国を認めないこと，さらには国内法で入国に一定の条件を課すことは，ただちに国際法に違反しているとはいえない。ただし，すべての外国人の入国を一律に禁止すること（たとえば，1960年代後半から1990年代初頭のアルバニア共和国）は，国際社会に生きる国家として国際法を遵守する義務があること，さらには，とりわけ，国家には国際協力を達成する義務があること（国連憲章1条3項など）からして，現在の国際社会において許されているとはみなしがたい。

外国人が自発的に出国を希望する場合には，特定の正当な理由（安全，公衆衛生などの理由）がないかぎり，それを禁止することはできない。

外国人を強制的に出国させる方式としては，追放や退去強制などがある。これらの強制出国は従来，国家の裁量とされていた。しかし現在では，強制出国の正当な理由についても，強制出国に至る手続についても，国際法の一定の規律を受けるようになってきている（たとえば，自由権規約13条参照）。

(2) 外国人の処遇

外国人は在留国の属地管轄権の下に服すのが原則である。立法管轄権はむろんのこと，執行管轄権や司法管轄権にも服すことになる（政府高官や外交官は一定の範囲で特権免除をもち，そうした管轄権に服さないことがある）。この点では内国民と同一である。外国人であるからといって，在留国の法令を知らなかったために遵守できなかったという主張（＝「抗弁」）は，法律上は認められない。「法の不知は恕せず」の原則と呼ばれる，法に関する一般原則である。

在留外国人にどの程度の権利・義務を認めるかについては，基本的には国内法や通商航海条約などの条約の規律に委ねられている。慣習国際法上は，日常生活を営むうえで必要な権利能力や裁判の当事者能力など，一定の待遇・保護を保障すべき義務を負うにとどまる。

これ以外の権利，たとえば，参政権，経済的活動を営む権利などについては，慣習国際法上かならず付与すべき権利とはみなされていない。また，兵役の義務や義務教育なども免除されるのが一般的である。

3. 犯罪人引渡・難民の保護

(1) 犯罪人引渡

自国領内の犯罪人を他国からの引渡請求に応じて，訴追あるいは処罰のために当該国家に引き渡すことを犯罪人引渡あるいは逃亡犯罪人引渡と呼ぶ。慣習国際法上，国家には引渡義務はない。二国間で引渡条約が存在する場合には（日本は米国および韓国との条約がある），引渡しは条約上の義務となる。また，国内法に基づいて，相互主義の保証を条件として，引き渡すこともある（日本の逃亡犯罪人引渡法3条2号など）。

引渡犯罪が引渡請求国と被請求国の双方の法令において犯罪とされていること（「双罰性の原則」），また，引渡しの理由となった犯罪以外の犯罪については原則として訴追・処罰できないこと（「特定性の原則」）が，国際法上有効な引渡しであるためには必要とされる。

「逃亡犯罪人」という日本語訳がときに使われることもあってか，この制度は，引渡請求国の領域内で罪を犯して外国へ逃亡してきた者についてのみ適用されるという誤解が生まれやすい。そうした事例が圧倒的多数を占めるのは間違いないものの，そうした事例に限定されるわけではけっしてない。被請求国の領域内において罪を犯した事例，さらに

は，第三国で罪を犯して被請求国の領域内に逃亡してきた事例も考えられる。いずれの事例でも，請求国の法令上「国外犯」として規定されていることが必要である。逃亡犯罪人の「逃亡」とは，引渡請求国の裁判権から逃亡していることを意味している。

請求国の領域内の犯罪の場合には，二国間条約のなかに引渡しの対象となる犯罪を明記し，引渡しの請求がある場合には引渡しの義務が原則として発生すると規定するのが一般的である。

また，請求国の領域外の犯罪の場合には，被請求国は，当該犯罪が請求国の国民によって行われたものであるとき，または，被請求国の領域外（つまり第三国）において行われた犯罪の場合には被請求国の法令でそのような犯罪を罰することとしているとき（「双罰性の原則」の適用）にかぎり引き渡すとされるのが，二国間条約では通例である（日米犯罪人引渡条約6条1項，日韓犯罪人引渡条約7条などを参照）。

なお，問題となるのは，政治犯罪人の場合と犯罪人が被請求国の自国民の場合である。

逃亡犯罪人引渡の制度は古くから存在する（ごく始原的なものとして，紀元前1270年のエジプトのラアメス2世とヒッタイトのハットゥシリシュ3世の条約を参照）。家産国家観念の強かった，中世から近世初期のヨーロッパにおいては，政治犯罪人のみを引き渡すという慣行が一般的であった。しかし，フランス革命を契機として，逆に政治犯罪人は引き渡さないという慣行のほうが一般的となっていった。二国間条約では，政治犯罪を不引渡犯罪として明記するのが一般的である。なお，どのような犯罪を政治犯罪とみなすかについては，現在では，絶対的政治犯罪と相対的政治犯罪に区別する考え方が一般的である。絶対的政治犯罪とは，もっぱら特定国の政治的秩序を侵害する犯罪のことである。これに対して，相対的政治犯罪とは，政治的争いの中で行われる普通犯罪

のことである。たとえば，内乱罪による逮捕・処罰を逃れるために，民間航空機をハイジャックする行為である。

　自国民については，多くの国家が国内法で引き渡さないと規定しているが（日本の逃亡犯罪人引渡法2条9号など），コモンローの国々では自国民の引渡しを認めている。日米犯罪人引渡条約では，自国民の引渡義務はない。ただし，裁量により引き渡すことはできると規定している（5条）。日韓犯罪人引渡条約では，こうした規定に加えて，引き渡さない場合には，その犯罪人を訴追するために検察当局に事件を付託することを明記している（6条1項）。

　最近の国際人権法の発展に伴い，とくに死刑廃止国から死刑存置国への引渡しが大きな問題となっている。請求国が死刑存置国で，被請求国が死刑廃止国であるとすると，この点も考慮すべき事項となることもあり得る。もっとも，現状ではそうした状況で犯罪人を引渡したとしてもただちに国際法違反行為をおこなったとみなすのは，一般的には困難である。

（2）国際法における難民問題

　19世紀においては，難民，あるいは，当時の用語によれば，「政治的亡命者」は，逃亡犯罪人の引渡制度とか，政治犯罪人不引渡の原則とかといったかたちで議論の対象とされるにとどまった。難民や政治的亡命者の保護ははなはだ限定的であり，個別的な扱いがされていたにすぎない。

　戦間期には，ロシア革命，オスマン帝国の崩壊，ナチス・ドイツの成立，スペイン・フランコ政権の誕生などにより，ヨーロッパで500万人以上の難民が発生した。国際連盟による難民の保護やいくつかの条約の採択などもあり，難民の国際的保護の必要性が認識されるようになっ

た。しかし，そもそも難民の定義は明確ではなく，難民の国際的保護についての仕組みができているという状況ではなかった。

　この状況が変わり，難民問題に対処する国際的なシステムが確立するのは，第二次世界大戦後である。ヨーロッパ内にも，ヨーロッパ外にも実に多くの難民が生み出された。

　これらの難民を保護するために，1948年に国際難民機関（IRO），ついで1951年に国連難民高等弁務官事務所（UNHCR）が創設され，難民の保護にあたった。UNHCRは3年間の時限付きの機関であったが，その後も5年ごとに存続期間が定められ，ようやく2003年に存続期間の撤廃が行われた。

（3）難民の庇護

　UNHCRの設置と並んで，第二次世界大戦後の，難民の国際的保護にとって重要とみなされるのは，1951年に採択された「難民の地位に関する条約」（難民条約）である。この条約は，難民について初めて一般的な定義をしたこと，および，難民に対して一定の権利の享受を認め，難民の保護・支援は国際的な慈善や政治的利害ではないとしたこと，の2点において画期的な意味をもつ。

　難民の定義については，条約の交渉過程ではいろいろな意見があった。結局採用された定義は（1条A〔2〕），「人種，宗教，国籍若しくは特定の社会的集団の構成員であること又は政治的意見を理由に，迫害を受けるおそれがあるという十分に理由のある恐怖」をもっとも重要な要件とする，相当に厳格な定義となっている。現在「条約難民」と呼ばれるカテゴリーの難民である。

　「迫害」を中核としたことの背景には，冷戦がある。すなわち，東ヨーロッパからの難民たちを「自由の戦士」，あるいは「逃亡者たち」と

みなし，それらの者を積極的に保護しようとする動きが，西側諸国，とくに米国において強まった。条約難民の定義には，こうした政治的状況が色濃く反映している。

　難民の保護・支援という観点からすると，難民条約にはなお限定された規定しか存在しない。難民と認定された者に対する，旅行証明書の発給，初等教育・社会保障についての内国民待遇の付与など，一定の法的保護を与える義務が条約締約国にある。しかし，難民には庇護を求める権利はない。

　また，難民と認定された者について，その者を受け入れる義務が国家にあるとは規定されていない。条約上の義務として，もっとも重要なのは，難民の追放・送還の禁止の義務である。難民の生命や自由が脅威にさらされるおそれのある領域の国境へ難民を追放したり送還したりしてはならないという義務である。ノン・ルフールマン（「追放禁止」という意味のフランス語）原則と呼ばれる。現在では，この原則は慣習国際法となっているとする考えが有力である。

　以上のように，難民条約は画期的な意味をもっていたが，なおそこにはいくつもの限界があった。1960年代以降になると，「自由の戦士」とはまったく異なる，新しいかたちの難民（「新難民」）がアフリカ，アジアなどで爆発的に発生した。新難民は，東西対立という政治的状況を背景とする，従来の難民とはまったく異なっていた。

　難民条約には，「1951年1月1日前に生じた事件の結果」としての難民のみを対象とするという条件があり，こうした新難民はそもそも条約の対象とはできなかった。そこで，1967年に採択された難民議定書では，この条件がはずされることになった。しかしながら，難民の定義は難民条約の規定がそのまま引き継がれた。

　「新難民」と呼ばれる者のなかには，条約難民というカテゴリーから

はみでてしまう者がかなり存在することになる。そこで，UNHCRは「支援対象者（援助対象者）」という基準を設けて，条約難民以外にも，新難民など，相当に幅広い人々（たとえば国内避難民）をも含み得るようにしている。なお，純粋に経済的利益のみを求めて国外に脱出する者は「経済難民」とみなされ，この支援対象者にも含まれていない。この支援対象者は，2017年末のUNHCRの統計によると，6,850万人である。

国連総会の補助機関と位置づけられているUNHCRは，この「支援対象者」に対する支援のため活発な活動を行っている。ただ，支援を求める者たちに十分な支援がなされているかは疑わしい。

各国において「難民」にどの程度の保護を与えるかは，それぞれの国家の政策に基づいている。一般国際法上，国家は領域内庇護権[2]をもつのであって，難民を自国領域内で庇護しても国際法上なんら違法な行為をしているとはみなされない。条約上の義務としては，現在でも難民条約と難民議定書が一般的であり，そこで規定されている条約上の義務はなおかなり限定的である（ほかには，アフリカ難民条約などの地域的な条約や，国連総会決議としての1967年の領域内庇護宣言などがある）。

また難民の認定については，各国によりその基準はかなり異なっている。日本は，難民とは認定されないが人道的配慮で在留が許可される者（「人道配慮」）はかなり多いものの，他の先進国と比較すると難民の認定数は圧倒的に少ない。

4．個人の国際犯罪

（1）国際違法行為責任と国際犯罪

国家の国際責任は国際違法行為責任であり，歴史上刑事責任と民事責任の厳格な区別はみられなかったし，「国家の国際犯罪」が存在し得る

---

[2] これと異なるのが「外交的庇護」である。これは，外国の大使館・領事館・軍艦などに庇護を求めるものである。一般国際法上，国家は外交的庇護権をもつとはみなされない。

かについて現在も議論が続いていることについてはすでに説明した（7章参照）。

　国際法上の個人の責任はこれとは異なる。個人の行為そのものが，国際的な場面で，国家の国際違法行為責任を生じさせる場合がある（私人行為の国家行為への転換）。これとはべつに，個人の「国際犯罪」そのものが，ごく限られた範囲ではあるが，国際法上認められてきた。公海上の海賊や麻薬取引や奴隷売買などである。

　そして，とくに20世紀後半以降，個人の国際犯罪の範囲は，次に説明するように，相当程度に拡大してきている。また，これらの犯罪を裁く裁判所も，国際刑事裁判所など，いくつかの国際裁判所が設置され，活動を行うようになってきている。

（2）個人の国際犯罪の諸類型

　個人の国際犯罪の分類の仕方にはさまざまなものがある。一般には，2つ以上の国家の刑法と刑事管轄権にふれることになる外国性をもつ犯罪と，国際法上直接に犯罪とされ，その責任を追及される国際法上の犯罪とに分けられる。

　外国性をもつ犯罪とは，たとえば，ある国家の国民が他の国家で犯罪（「国外犯」に該当する犯罪）を行った場合が典型的である。もっとも，この犯罪は領域をまたがる要素があるというだけで，国際犯罪というよりは，それぞれの国家の国内法上の犯罪である。

　後者の「国際法上の犯罪」は，刑事責任の追及が国内法に委任して行われるか，国際法に直接に準拠するかにより，「諸国の共通利益を害する犯罪」と，「国際法違反の犯罪」とに分けられる。

　海賊などの伝統的な国際犯罪は，「諸国の共通利益を害する犯罪」とみなされる。現在では，とくに国際テロ関連の犯罪（航空機不法奪取，

人質行為，爆弾テロ，核テロリズムなど13の条約がある）が重要である。これらのテロについては，それぞれの条約により，条約締約国は，容疑者を他国に引き渡すか，自国において訴追の手続を取るか，どちらかを選択する義務がある（引渡か訴追かの方式）。

「国際法違反の犯罪」は，国際法が直接に個人の犯罪を規定し，そしてその処罰を国際裁判によって行うことができるとしている犯罪である。第二次世界大戦後の国際軍事裁判所（ニュルンベルクと東京）が先駆的なものと一般にいわれる。現在では，1998年の国際刑事裁判所に関するローマ規程により，人道に対する罪，集団殺害犯罪，戦争犯罪，そして侵略犯罪がこうした犯罪とみなされている。

(3) 国際刑事裁判所

上記した4つの個人の国際犯罪を裁くための常設裁判所としてオランダのハーグに設置されたのが，国際刑事裁判所である。締約国または国連安保理が付託した場合，あるいは，検察官（裁判所を構成する検察局の長）が捜査に着手した場合に，裁判所は管轄権を行使する（13条）。安保理による付託の場合以外では，締約国で行われた犯罪であること，または被疑者が締約国国民であることが必要である。また，国際刑事裁判所は国家の刑事裁判権を補完するものという位置付けを与えられている。当該国に被疑者の捜査・訴追を真に行う意思や能力がない場合にのみ，国際刑事裁判所に管轄権が認められるということである。「補完性の原則」と呼ばれる（1条，17条1項）。

刑罰は30年以内の拘禁刑などであり，死刑は規定されていない（77条）。また，犯罪被害者に対する救済制度が設けられているのが大きな特色である。

2002年に裁判所が設立されてから10の事態（ウガンダ，中央アフリ

カ，スーダン・ダルフール，ジョージアなど）に管轄権を行使してきている（2017年12月現在）。

学習課題

1．重国籍を否定しないという事例が最近増えつつあるが（たとえばヨーロッパ），それはなぜであろうか。
2．日米犯罪人引渡条約（1978年）と日韓犯罪人引渡条約（2002年）の各条文を比較し，どの点が異なるか調べてみよう。

参考文献

芹田健太郎『亡命・難民保護の諸問題Ⅰ　庇護法の展開』（北樹出版，2000年）
村瀬信也・洪　恵子（編）『国際刑事裁判所』（東信堂，2008年）
「特集『国籍法違憲訴訟最高裁大法廷判決』」ジュリスト136号（2008年）

11 | 人権の国際的保障

≪学習のポイント≫　人権の保障は元来それぞれの国家によって行われてきたが，20世紀の半ば以降，人権の国際的保障についてのいくつもの枠組みが生み出された。人権条約には特有の履行確保制度がみられる。また，自由権や社会権とは異なる，新しい人権概念も主張されている。
≪キーワード≫　人権概念，人権条約，第三世代の人権，人権条約の履行確保

1．人権の保障

（1）「人権」概念の登場

「人間は自由なものとして生まれた。しかもいたるところで鎖につながれている」という，ルソーの言葉（『社会契約論』〔1762年〕）を聞いたことのある人は多いであろう。人が人であるがゆえに，生まれながらにしてもっている権利としての人権は，どの時代にも，どの地域にもみられる概念であると思う人は多いかもしれない。

しかしながら，国家権力が個人の所持する自然的自由に介入・干渉してはならないという考えは，近代ヨーロッパにはじめて登場したのであり，ホッブズ，ロック，ルソーらによって，「自然権」として人権概念が構成されていったのである。

こうした人権概念は，アメリカ独立宣言（1776年）やフランス人権宣言（1789年）のなかに規定され，次第に各国の国内法に取り入れられ

て，国家が保障すべき権利としての位置付けを得るようになっていった。

その一方で，19世紀を通じて，こうした自然権的な人権，つまり自由権に対しては，いくつもの視点からの批判が加えられた。そうしたなかで，19世紀末から20世紀初頭にかけて，国家に対して特定の政策目標達成のための施策の遂行を求める権利，つまり社会権が，自由権とは異なる人権として主張されていくようになった。

こうした人権の保障はいずれも，個別国家のなかで実施されるととらえられた。人権の保障は，第二次世界大戦までは，基本的には国内管轄事項であった。

（2）人権の国際的保障

この状況を一変させる主たる契機となったのが，ナチスによるユダヤ人の大虐殺である。自国民を含むすべての人間の人権を国際的に保障する体制を作ることが必要とみなされた。第二次世界大戦後，数多くの人権条約の採択に象徴されるように，人権の国際的保障システムは飛躍的に充実していった。

それでは，現段階で人権の保障は国内管轄事項ではなくなったのであろうか。人権の保障は，基本的には現在でもなおそれぞれの国家が行っている。たしかに，後に説明するように，現在は多くの人権条約が存在し，それらの条約のかなりのものの締約国数は140を越えている。しかしながら，条約の締約国となるかどうかの選択肢はあくまでも個別国家がもっている。条約の締約国にならないという選択をしても，それをもってただちに国際法違反行為とみなされるわけではけっしてない。

もっとも，人権規定のいくつかは慣習国際法となっていること，さらにはジェノサイドや奴隷取引の禁止は強行規範とみなされることが多い

ことなどからすれば，人権の保障がすべて国内管轄事項であるということはもはや主張できない。

(3) 人権保障をめぐる対立軸

人権は神聖なものであり，それを保障することに疑いを抱くことはそもそも許されないことかもしれない。人権概念は普遍的なものであり，世界のどこにおいても共通のものであり，人権の保障そのものについて否定的な考えを抱くことはそもそも許されない，と思われるかもしれない。

ところが，人権の国際的保障という局面を考えてみると，国内における場合には想像もできないような，意見の相違が存在している。いろいろな対立軸があるが，ここでは3点に絞って説明したい。

1つは人権対平和の対立軸である。人権保障は国際平和の不可欠な要件であり，人権の国際的保障が戦争原因の除去に貢献するという立場がある。その一方で，人権の国際化はかえって国家間の敵対関係を助長する原因となり，武力干渉の口実に用いられるとみなす立場がある（たとえば，米国政府がときに主張する「人権外交」）。

2つ目は人権対発展の対立軸である。発展を人権享有の前提条件とみる立場と，「開発独裁」の下での自由権の侵害を批判する立場との対立である。結社の自由や言論の自由など国民の政治参加を制限してでもまずは経済発展を遂げ，その経済発展の結果として，人権の享有が初めて実際に可能になるとみなすかどうかをめぐる対立である。

そして最後は，人権対「伝統文化」の尊重の対立軸である。一方で，人権はヨーロッパ起源ではあるが，普遍的な内容をもつという立場がある。これに対して，名誉殺人，女性器切除（FGM）の慣習などの「伝統文化」があり，民族やマイノリティの文化的自律を守らなければなら

ないという立場がある（「文化相対主義」）。

　人権概念の普遍性について国際社会における厳しい対立が鮮明となった事例の1つが，1993年の世界人権会議である。このときにはとくに，人権に対峙する概念として，マレーシアや中国などの諸国を中心として「アジア的価値（あるいは伝統的価値）」が主張された。会議の結果採択された「ウィーン宣言および行動計画」では，以下のように規定された。「すべての人権は，普遍的であり，不可分で，相互に依存し関連している。……国家的・地域的特殊性，および，さまざまな歴史的・文化的・宗教的背景の重要性を考慮しなければならないが，すべての人権の促進・保護は，その政治的，経済的，文化的体制のいかんをとわず，国家の義務である」（1―5項）。

　人権の普遍性・不可分性はここに明記された。しかし，人権をめぐる対立軸がこれによりすべて解消されたわけではけっしてない。「伝統文化」の主張は，おりにふれなされている。人権の国際的保障をめぐっては，その背後に以上のような対立軸が現在でもなお存在していることを忘れてはならない。

2. 人権概念

（1）自由権・社会権・「第三世代の人権」

　人権概念を分類する際に，「世代」が基準とされることがある。人権概念の歴史を踏まえて，一番最初に唱えられた自由権（市民的・政治的権利）が第一世代の人権，その後主張されるようになった社会権（社会的・経済的・文化的権利）が第二世代の権利とされる。そして，1970年代から主張されているのが第三世代の人権である。

　第三世代の人権とは，発展途上国を中心として主張されるようになっ

た人権であり，国際協力の必要性が強調される権利である。具体的には，発展の権利，食料に対する権利，平和に対する権利，環境に対する権利などが挙げられる。1986年には国連総会決議として「発展の権利に関する宣言」が採択された。

しかしながら，この権利については，権利や義務の主体が明確ではないこと，国際協力の必要性はこの権利に限られるわけではないこと，世代で区分するのは混乱を招くこと，などの批判がある。現在，国際社会に一般的に受け入れられている概念とはいえない。

（2）「人」の意味

人権は，人である以上当然にもつ権利であるということはすでに説明した。とくに自由権を考えれば，どのような人でも等しく人権をもつとみなされるはずである。しかしながら，18世紀においてもなお権利主体としての「人」とは，社会に生きているすべての人間を指していたわけではなかった。すなわち，そこでの「人」とは，封建的な家制度を引き継いで，家の長である家父長（あるいは家長）であり，しかもそれは男性に限られていた。

封建制が完全に崩壊していくなかで，19世紀には権利の主体としての人とは人間一般を指すようになっていった。しかしながら，なお「人」のカテゴリーにより権利に大きな相違があったことも間違いない。一例だけ挙げるとすると，参政権について，年齢による制限は合理的な意味をもつとしても，女性にはいっさい認めない，あるいは一定の納税額のある者にだけ認めるという制度が，19世紀後半あるいは20世紀前半においてもかなり一般的であった。

「人」のなかに含まれなかった者たち，あるいは含まれるとしても，十分な権利保障がなされているとはみなされなかった者たちの人権をど

のように保障していくかは，第二次世界大戦以後，とくに人権の国際的保障という文脈のなかで積極的に取り上げられていった。そのなかで，女性，児童，障害者の権利のみならず，少数者や先住民の権利についても，それらを保護すべきであるとする特別の条約や宣言などが，個別に作成されてきている。1992年の少数者権利宣言，2007年の国連先住民権利宣言（いずれも国連総会決議）などである。

3. 人権条約

（1）世界人権宣言

人権の国際的保障の先鞭をつけたのは，1945年の国連憲章である。人権および基本的自由の尊重を明確に謳っている。もっとも，具体的な内容を規定した条文は存在しない。

1948年には世界人権宣言（国連総会決議217）が採択された。「人類社会のすべての構成員の固有の尊厳と平等で譲ることのできない権利」を認めることが，世界の自由・正義・平和の基礎であるということを前文の最初に規定している。第二次世界大戦中に米国大統領ルーズベルトが主張した4つの自由（言論の自由，信念の自由，恐怖からの自由，欠乏からの自由）を，全部で30条からなる宣言に盛り込んでいる。

世界人権宣言は，新興独立国の憲法に影響を与えるなど，大きな影響力をもったが，国連総会の決議であり，法的拘束力のある条約ではない。もっとも，現在では世界人権宣言のかなりの部分が慣習国際法となっているとする考えも主張されている。

（2）国際人権規約

人権に関する一般条約を作成する作業は，国連経済社会理事会の下に

ある人権委員会で進められた。しかし，この作業は難航した。とりわけ東西陣営の人権観の相違が妨げとなった。

20年の年月をかけてようやく1966年に完成したのが，「経済的，社会的及び文化的権利に関する国際規約」(「社会権規約」)と，「市民的及び政治的権利に関する国際規約」(自由権規約)の2つの条約である。2つを合わせて国際人権規約と呼ばれる。自由権と社会権はその権利の性質が異なることから，その権利保障制度も異なるということで，2つの別個の条約とされた。

自由権規約にはさらに，個人通報制度と死刑廃止に関する2つの選択議定書（1966年の第1選択議定書と1989年の第2選択議定書）がある。また，2008年には社会権規約に関する選択議定書も作成された（2013年5月発効）。国家はこれらの条約や議定書について，個別に締約国になるかどうかを決定できる。社会権規約の締約国は168，自由権規約の締約国は171，2つの自由権規約選択議定書はそれぞれ116と85，社会権規約選択議定書は23である。

社会権規約と自由権規約の共通1条として，独立の第1部のなかに規定されているのが，人民の自決権である（この権利については第5章参照）。この権利の保障は，個人のあらゆる権利と自由の享受の前提条件であるために，条約の冒頭で規定されたと解されている。もっとも，その内容をめぐってはかならずしも意見の一致がみられるわけではない。

社会権規約の大きな特徴は，当該規約に規定される人権の実現を漸進的に達成する義務があると明記されていることである（2条1項）。とくに発展途上国のなかには，社会権の実現のための財政的措置などをすぐに整備できない状況もあるだろうとのことから，こうした漸進的達成義務が規定された。

社会権規約のなかには，労働に関する権利，生活水準および食料の確

保に関する権利（「生存権」と呼ばれる），教育・文化に関する権利などが規定されている。

　自由権規約には，社会権規約のような漸進的達成義務は規定されていない。締約国は規約上の権利を尊重し確保することを約束している（2条1項）。規約に規定される自由権はすべてただちに保障する義務が締約国にはある。

　自由権規約のなかには，生命に対する権利，拷問の禁止，奴隷・強制労働の禁止，身体の自由，移動・居住・出国の自由，公正な裁判を受ける権利，プライバシーの尊重，思想・良心・宗教の自由，表現の自由，集会・結社の自由，法の前の平等などが規定されている。

　なお，締約国は，「国民の生存を脅かす公の緊急事態の場合」，つまり戦争や内乱などの場合には，一定の範囲で規約上の義務に違反する措置をとることができる（4条1項）。「緊急権条項（デロゲーション条項）」と呼ばれる規定である。こうした措置をとることができる人権（逸脱可能な人権）とできない人権（逸脱不可能な人権）の区別が，自由権規約のなかに規定されている。後者にあたるのは，生命権，拷問の禁止，奴隷・強制労働の禁止，思想・良心・宗教の自由などである。

　社会権規約と自由権規約の履行確保の措置については，次節で説明する。

（3）個別の人権条約

　国際人権規約が人権の国際的保障の中核となる条約であることは疑いがない。社会権と自由権の主だった権利はすべて規定され，その履行確保のシステムも整備されているといえよう。ただ，これらによってはなお十分に規定されていない人権もあるし，保障のあり方についてなお整備する必要のある人権も存在する。そこに，特定のジャンルの人権を保

障する条約の存在理由がある。

　国際人権規約が採択される前の代表的な条約としては，1965年の人種差別撤廃条約がある。採択された後のものとしては，女子差別撤廃条約（1979年），児童の権利条約（1989年），障害者の権利に関する条約（2006年）などがある。

　これらの個別条約の締約国数は，比較的新しい障害者権利条約を除けば，国際人権規約の締約国数を上回っている。国際社会において，これらの人権の保障が必要であると認知されるようになっていることは間違いない。ただし，かなり多くの留保を付した上で締約国となっている国家も多いということには注意しておく必要がある。たとえば，女子差別撤廃条約についてはイスラーム諸国の多くが，「シャリーア法に反しない限り」という広範な留保を付している。また日本も，いくつもの条約についてかなりの数の留保を付している（たとえば，社会権規約について，公の休日についての報酬，同盟罷業をする権利など）。

（4）地域的人権条約

　以上のような，すべての国家を対象とする条約とは別に，地域によって個別に人権条約が採択されていることがある。それぞれの地域の固有性を反映した人権概念が必要であること，また，人権保障システムを作りやすいということなどが，地域的人権条約が採択されてきている理由として挙げることができる。

　具体的には，これまでのところ，欧州人権条約（1950年），米州人権条約（1969年），アフリカ人権憲章（バンジュール憲章）（1981年）がある。また，イスラーム地域については，世界イスラーム人権宣言（1981年）やアラブ人権憲章（1994年）などがある。

　これらのなかでは，とくにヨーロッパ地域が大きな成果を生み出して

いるといえる。1952年以降，人権条約を補完する議定書がいくつも採択されている（たとえば死刑廃止に関する第6議定書）。社会権については，1961年にヨーロッパ社会憲章が採択された。また，ヨーロッパ人権裁判所は，人権条約の締約国のみならず，個人にも出訴権を認めており，数多くの判例が積み重ねられてきている。

アジアでこうした地域的な人権保障体制を樹立しようという活動は，1960年代からみられた。しかし，経済力・宗教・文化などの多様性もあり，2012年11月にアセアン人権宣言が採択されたにとどまっていた。これは，条約ではなく，法的拘束力のない宣言にすぎないし，規定している内容も国際的な基準に達していないとの批判もあった。しかし，個別の事項に関する条約であるが，2017年3月に，とくに女性とこどもについての人身売買禁止アセアン条約が発効している。

4. 履行確保

(1) 国際連合の履行確保制度

人権の国際的保障を現にどのようなかたちで実現するかについては，いくつもの方式がある。ここでは3つの方式について説明することにしたい。すなわち，国際連合の履行確保制度，人権条約の履行確保制度，そして各締約国の国内での履行確保制度（国内法整備と裁判所による条約の適用）の3つである。

第1は，国連の諸機関が人権の保障を確保しようとする方式である。2005年3月に発表されたアナン事務総長の報告書，「より大きな自由を求めて」のなかでは，国連活動の柱である開発・安全・人権の密接な関連性を踏まえて，国連のすべての活動で人権の視点を強化する考えが提唱された。「人権の主流化」と呼ばれる考えである。これに基づき，従

来の国連人権委員会に代わって人権理事会が2006年に設置され，一年を通じて定期的に会合を行っている。この理事会の下に，普遍的定期的審査ないしは普遍的定期的レビュー（UPR）と呼ばれる新しい制度が設けられた。国連の全加盟国について，それぞれの国内での人権状況を定期的に（4年ごと）審査するという制度である。国連の加盟国であれば，すべてこの審査を受けなければならない。日本もこれまでこの審査を2008年，2012年，2017年と受けてきている。女性や児童の人権，代替収容制度，死刑制度，人身取引等などの問題についての勧告を含む審査の，結果文書が採択されてきている。

また，従来の国別手続やテーマ別手続を引き継ぐ特別手続，さらには，1503手続（誰でも提出できる，人権侵害に関する通報を受けて，国連のなかで人権が侵害されているかを検討する手続）を下敷きとする不服申立制度も設けられた。

このほかに，1993年に設置された国連人権高等弁務官事務所があり，「人権の主流化」の考えに基づき，その機能強化が図られている。

（2）人権条約の履行確保制度

2つめの方式は，個々の人権条約に規定されている権利・義務を現実に実現するための制度である。人権条約に限らず，あらゆる条約について，その条約の内容をいかに実現するかは重要な課題である。条約には法的拘束力があるので，それを守らないときには，条約違反であり，国家責任が発生することになる。国家はそうした事態を避けるためにも，一般には条約を遵守する。そこにはまた，相互性（相手が遵守するから自分も遵守する）とか，権力性（力——政治力・経済力・軍事力など——の強い国家から遵守を求められる）という要素があることもたしかである。

人権条約も国家相互間の条約であるから，基本的には以上のような一般論があてはまる。ところが，人権条約の場合には，条約の内容として規定されているのは，国家の権利ではなく，私人の権利である。国家相互間で，自国の管轄権の下にある私人の権利を保障することを目的とする条約である。そこで，人権条約に規定されている私人の権利の保障を，締約国がそれぞれに現に実現するための特別の制度が，それぞれの人権条約のなかに設けられている。人権条約の履行確保制度と呼ばれる。

　すべての人権条約に規定されている，もっとも一般的な制度が国家報告制度である。人権条約を国内においてどのように実施しているかについての報告書を，数年に一度，条約機関（それぞれの条約により設置された委員会）に提出する義務を締約国に課す制度である。たとえば，自由権規約では，5年に一度，自由権規約委員会に報告書を提出し，当委員会は「総括所見」と呼ばれる意見を採択する（このほかに，全締約国に対して条約の解釈などを示す「一般的意見」がある）。自由権規約委員会は18名の委員により構成され，実に活発な活動を行っている。

　第2は国家通報制度である。ある締約国の条約違反を他の締約国が条約機関に通報し，それを受けて条約機関が審査するという制度である。この制度を受け入れることを宣言した締約国間にのみ適用される制度である。ただ，自由権規約などでも現実にはほとんど機能していない。

　第3は個人通報制度である。人権を侵害された個人または個人の集団が直接に条約機関に申し立て，条約機関が審査するという制度である。自由権規約や社会権規約の場合には，それぞれの議定書を批准した国家にのみ適用がある。自由権規約委員会は審査の結果として「見解」を採択する。この見解は法的拘束力がないとみなされている。また，人種差別撤廃条約の場合には，個人または集団の申立てにより人種差別撤廃委

員会が検討する権限を認めることをあらかじめ宣言できることになっている（14条）。

　最後に，国際裁判がある。条約の履行確保制度としては最終的な手段といえる。もっとも，現段階では普遍的な人権条約では実現されていない。ヨーロッパ人権条約，米州人権条約，アフリカ人権憲章といった地域的な人権条約についてのみ存在する制度である。

（3）人権条約についての国内法整備

　人権条約の履行確保制度としては，以上のような国際的な制度とは別のものも存在する。国家はある人権条約の締約国となったとき，その条約内容を国内において実現する義務を負うことになる。立法府・行政府・司法府のいずれの機関も，それぞれの方式でその役割を果たすことが求められる。それは条約一般の場合と基本的には同じで，なんら変わるところがない。

　国際法は国内的効力をもつとされるが，国際法そのものだけでは，その義務を十分に果たしきれないこともある。その場合には，国際法の内容を国内において実現するために，国内法の整備が行われることがある。国内法整備としては，国際法の内容に違反するような国内法があれば，その改正などの措置が取られることがある。また，国際法そのものや既存の国内法では，国際法の内容を実現できないとみなされる場合には，新規に国内法を制定することも行われる。女子差別撤廃条約を批准するにあたって，日本がこうした国内法整備を行ったことについては，第4章で説明したとおりである。

（4）国内裁判所による履行確保制度

　人権条約についてさらに問題となるのは，国内裁判所における適用で

ある。国家機関対個人，あるいは個人同士の関係に人権条約の規定を直接に適用できるかという問題である。条約の直接適用可能性の問題が，人権条約の場合にはまさしく重要な意味をもっている。また，条約の間接適用の問題も重要な意味をもっている（これらについては4章参照）。

学習課題

1. 日本国憲法の人権に関する諸規定と国際人権規約の諸規定を比較してみて，人権規約には規定され，憲法には規定されていない人権とはどのようなものかについて調べてみよう。
2. 人権条約の履行確保の諸制度のなかに，活用されているものとあまり活用されていないものがあるのはなぜであろうか。

参考文献

阿部浩己ほか『テキストブック国際人権法』（第3版，日本評論社，2009年）
申　惠丰『国際人権法――国際基準のダイナミズムと国内法との協調』（第2版，信山社，2016年）
芹田健太郎ほか（編）『講座国際人権法　Ⅰ～Ⅲ』（信山社，2006年，2011年）
深田三徳『現代人権論――人権の普遍性と不可譲性』（弘文堂，1999年）

12 | 国際経済活動と国際環境保護に関する国際法

≪学習のポイント≫ 国際経済や国際環境の分野では，ここ半世紀の間に，実に多くの新しいルールが生まれてきている。伝統的国際法の枠組みや法原則とはかならずしも同一ではないために，「国際経済法」や「国際環境法」という新しい分野として主張されることもある。
≪キーワード≫ WTO，国有化，国際通貨制度，IMF，予防原則，共通だが差異のある責任

1. 国際経済活動に関する国際法の発展

（1）国際経済活動に対する法的規律

　商品や資本の国境を越えた移動というかたちでなされる国際経済活動については，さまざまなかたちでの法的規律が存在している。国際法による規律としては，従来は，部分的には慣習国際法も存在するものの，二国間条約が一般的であった。近年は，世界貿易機関（WTO）協定や投資紛争解決条約など，多数国間条約が果たす役割が増大してきている。ただし，現在でも二国間条約は重要な役割を果たしている。

　国際経済活動は多くの場合，私人（個人や企業）によって行われる。国際経済活動を規律する条約は，そうした活動を行う私人の権利義務についての規定を置いている。ただそうした条約は私人の権利義務を直接に規定するのではなく，国家の権利義務として規定するのが一般的である。そこで，私人の権利義務を具体的に国内において実現するために，

国内法が制定される。

　こうした国内法のほかに，それぞれの国家が独自に国内法を制定して国際経済活動を規制している。たとえば，特定の商品の輸入に一定の制限を課したり，外国人の投資についての条件を定めたりする。さらには，企業の取引慣習として存在してきたルールや，国際的な機関が策定したルール（たとえば，国際商業会議所のインコタームズなど）も存在する。

　これらすべての法（＝広義の「国際経済法」）は実に多様であり，相互に矛盾することもある。本章では，国際経済活動を規律する国際法（＝狭義の「国際経済法」）に焦点を合わせて，その概略を説明することにしたい。

（2）規律対象

　国際経済活動は，国境を越える商業取引＝貿易（国際通商），資金の投下＝国際投資，国際経済活動を円滑に行うための前提条件としての為替制度・国際決済などの制度＝国際通貨・金融，の3つの分野から成り立っている。

2．貿易

（1）貿易（国際通商）の国際的規律

　国家は貿易（国際通商）をどのようなかたちで行うかについて決定する権利をもっている。たとえば，輸入品にどれだけの関税をかけるかの権利，つまり関税自主権をもつとみなされてきた。もっとも，19世紀になると，交通・通信手段の格段の進歩にともない，貿易・国際金融が全世界に拡大していくなかで，国家は二国間条約＝修好通商条約（通商航

海条約）により，国家の利害関係を調整し，可能なかぎり自由貿易を実現しようとした。

　そうした通商条約のなかには，内国民待遇条項や最恵国待遇条項が盛り込まれることが一般的である。内国民待遇とは，通商について自国民と外国人を差別せずに平等に扱うことである。また，最恵国待遇とはもっともよい待遇を与えられている国家と同一の待遇を与えることである。

　もっとも，19世紀にヨーロッパ諸国が非ヨーロッパ諸国と締結した通商条約（たとえば，江戸幕府が1858年に締結した安政五ヵ国条約など）は，関税自主権や領事裁判権などの点で，不平等な条約であった。

　二国間条約により基本的に貿易が規律されるという状況は，第二次世界大戦後，激変した。戦後すぐ，世界貿易機構（ITO）を設立するという構想は米国議会の反対のために失敗に終わったが，関税引き下げの早期実現を目的に暫定協定として作成されたガット（GATT：関税及び貿易に関する一般協定）が，1948年の発効以降世界の貿易のかなりの部分を規律してきた。ガットはあくまでも多数国間条約であり国際組織ではないが，貿易に関する多数国間の一括交渉（ラウンド）を基礎にしたその規律の広範さやその規律態様から，ガット体制と呼ばれることもある。

（2）世界貿易機関（WTO）

　1986年に開始されたガットの8度目のラウンド（ウルグアイ・ラウンド）では，とくに農産物の自由化などの交渉が続けられたのち，1994年に世界貿易機関（WTO）の設立についての合意がなされた。WTOの加盟国は世界のほとんどすべての主要国を含んでおり（163ヵ国），世界の貿易についての国際的規律を担う国際組織となっている。

　WTOを設立したマラケシュ協定（WTO協定）は，WTOの組織と権

限に関する条約である。全16条の，比較的短い条約である。ただし，この条約には4つの付属書がある。たとえば，付属書1は，物品の貿易に関する多角的協定（1994年のガットなど13の協定），GATS（サービス貿易一般協定），そしてTRIPs協定（貿易関連知的所有権協定）から成り立っている。付属書もすべて入れると，はなはだ膨大な量になる。

　主たる規律対象は物品の貿易である。相互主義に基づく関税の引き下げ，最恵国条項の一般的適用，関税以外の貿易障壁（非関税障壁）の禁止などが問題となる。

　物品の貿易以外では，GATSはサービス貿易（観光・留学・金融・医師業などを含む幅広いサービスを対象とする），TRIPsは知的所有権（工業所有権・著作権などの幅広い知的所有権を対象とする）の保護を規律対象としている。

　WTOは，加盟国間の貿易の自由化を目指しているが，例外的な状況においては，WTO協定上の義務からの逸脱を認めている。相殺関税，ダンピング防止税，セーフガード（緊急輸入制限）などがその例である。

　WTOの最高の意思決定機関は，閣僚会議である。すべての加盟国の代表により構成される一般理事会は，紛争解決機関および貿易政策検討機関としての任務を担っている。これ以外にもいくつもの委員会と事務局がある。

　WTOの任務としては，(1)加盟国間の交渉のための場（ラウンドなど）の提供，(2)WTO協定の実施・運用の監視（各国の貿易政策の検討など），(3)紛争解決，などがある。

　WTOの紛争解決手続は，はなはだユニークな制度である。小委員会（パネル）手続と呼ばれている。ガット22条・23条と付属書Ⅱ「紛争解決了解」（DSU）に規定されている。

　WTO加盟国間で紛争がある場合には，まず加盟国間での協議が行わ

れる。紛争解決を提起するためには，WTO協定上の利益を無効とされたか，侵害されていること（「無効化または侵害」）が必要とされる。加盟国間で解決できない場合には，パネルの設置を要請できる。紛争解決機関（一般理事会）において，パネルを設置しないことがコンセンサス方式で決定されないかぎり，パネルは設置される（「ネガティブ・コンセンサス方式」）。パネルが紛争解決のために提出する報告書は，紛争解決機関で採択される。

　紛争当事国は，異議がある場合には，上級委員会に申し立てることができる。上級委員会の報告書は紛争解決機関で採択され，当事国はそれを無条件で受諾しなければならない。

　以上のような審理手続のそれぞれの段階には期限が設定されており（たとえば，パネルの報告書は6ヵ月以内など），手続の迅速化がはかられている。また，ネガティブ・コンセンサス方式のために，この紛争解決手続がいわば自動的に進むようにされている。この紛争解決手続を利用している事例は，1995年から2018年（4月現在）までの23年間で544件（年平均23.7件）に及んでいる。ガットの下での紛争案件が1948年から1994年の間に314件（年平均6.7件）であったのとは大きな違いである。よく知られている事例としては，日本が被申立側となった1996年の酒税事件，インドなど4ヵ国が米国を訴えた1998年のエビ・カメ事件などがある。

　WTO体制では，即時かつ無条件の最恵国待遇原則の例外として，地域経済統合を認めている。特定の加盟国間でのみ自由化を進める，地域貿易協定＝RTAの締結が可能である。これは，市場規模の小さな関税同盟とか，自由貿易地域といったような，古くから存在していた市場統合を想定していたものであった。ところが現実には，1990年代以降は，世界的な規模の地域貿易協定がみられるようになってきている。その要

因として，1990年代の終わり頃から，WTOがうまく機能しないという状況が生まれてきたという事実がある。とくに2001年11月からのドーハ開発アジェンダ（ドーハラウンド）が成果を挙げられないという状況のなかで，一部の，意欲のある加盟国だけで，自由化を進めるということが，地域貿易協定のかたちで進められてきている。その規定内容も，WTOでは規定されていないものにも及んできている。WTOプラスと呼ばれる分野である。

　貿易の自由化・円滑化を進める自由貿易協定（FTA）（代表的な例は北米自由貿易協定〔NAFTA〕），および，関税同盟（代表的な例はEC），さらに経済連携協定（EPA）といった，地域貿易協定の増加は，WTO加盟国間で対等な競争関係を構築するというWTOの，本来の理念に反し，本来WTOが目指した体制とは異なる体制をもたらす可能性を秘めていることには，注意しておく必要がある。

3. 国際投資

（1）国際投資の保護と国際法

　伝統的国際法においては，投資は，二国間条約（通商航海条約）によって外国人（外国企業）の投資活動に内国民待遇を与えるか，あるいは，最恵国待遇を与えるか，さらには，自国民の投資財産が違法に侵害されたときには外交的保護権を行使するか，というかたちで問題とされてきた。

　なかでも最大の問題は，外国資産の収用であった。もっとも，当時の外国資産の収用は比較的小規模なものにとどまっていたため，国家間で深刻な問題となることはなかった。

　状況が変わるのは，第一次世界大戦後の社会主義諸国の登場，さらに

は第二次世界大戦後，とくに1960年代以降，発展途上国が多数登場し，外国資産の大規模な国有化が行われるようになって以後のことである。たとえば，1951年のイランによるアングロ・イラニアン石油会社の国有化，1956年のエジプトによる万国スエズ海洋運河会社の国有化などの事例がある。

　これらの多くの場合に，十分な補償が支払われないか，まったく補償がなされず，大きな国際紛争となった。問題は国有化が国際法上有効であるためにはどのような条件が必要であるかという点であった。国有化そのものは，国家に主権がある以上認められるとみなされた。

　この点については，国連総会の決議などでは「適当な（appropriate）補償」がなされればよいとするとともに，補償をめぐる紛争は当該国家の国内裁判所で解決すべきことが規定された（1974年の経済権利義務憲章など）。1970年代を中心として，発展途上国が主張していった，「天然資源に対する永久的主権」，さらには，「新国際経済秩序」の考えを背景としたとらえ方である。

　これに対して，先進諸国は「十分で，実効的で，迅速な補償」を求めてきている。

（2）投資保護の方式

　1980年代の半ば以降，新国際経済秩序は失敗であったという評価が広まっていった。先進諸国の資本や技術がなければ経済発展が難しいことが，発展途上国側で認識されるようになったからである。

　外国人の投資の保護のために積極的に締結されてきているのが，二国間の投資保護協定である。日本も，エジプト，スリランカ，中国，トルコ，香港，パキスタン，バングラデシュ，ロシア，モンゴルとの間に締結している。

投資保護協定では，一般に，投資についての内国民待遇と最恵国待遇が認められ，また国有化の条件として「十分で，実効的で，迅速な補償」が盛り込まれている。

また，投資紛争は「投資紛争解決国際センター（ICSID）」による解決を規定している。投資紛争解決国際センターは，1965年に世界銀行によって作成された投資紛争解決条約によって設立された。条約締結国と投資家との間の紛争を調停または仲裁により解決する常設の機関である。1980年代以降，活発な活動を行うようになってきている。

こうした投資保護協定とは異なり，投資の保護に加えて，投資の自由化や促進も盛り込んだ，新しいタイプの二国間投資協定が増えている。日本は，韓国，ベトナム，カンボジア，ラオス，ウズベキスタン，ペルーなどとの間で締結している。

また，1990年代の半ば以降，先述したように，貿易の自由化・円滑化を進めるFTA，さらには，投資や人の移動や知的財産の保護などについても規定した，EPAが締結されるようになってきている。日本はシンガポール，メキシコ，マレーシア，EUなどとの間で締結している。また，TPP（環太平洋経済連携協定）11，日中韓FTA，東アジア地域包括的経済連携（RCEP）はメガFTAとも呼ばれるものである。世界には現在300近くのFTAが存在している。

4．通貨・金融

（1）ブレトン・ウッズ体制

貿易の自由化を実現するためには，各国の通貨の価値が国際的に安定し，資金の融通がスムーズに行われる状況が必要である。1944年に44ヵ国が米国のブレトン・ウッズに集まり，戦後の通貨・金融制度を担う機

関として，国際通貨基金（IMF）と国際復興開発銀行（世界銀行）（IBRD）を設立した。ここに，金ドル本位制と固定相場制を柱とする国際通貨制度が確立された。これをブレトン・ウッズ体制と呼ぶ。

(2) IMF

1971年に米国大統領は，金ドル交換の停止を発表した（ニクソン・ショック）。さらに，1973年には，ほとんどの国家は変動相場制へ移行した。これにより，ブレトン・ウッズ体制は崩壊した。

IMF加盟国（189ヵ国）には現在，為替レートを一定の範囲のなかに維持しなければならないという条約上の義務は存在しない（1987年のIMF協定改訂）。安定した為替相場制度を促進するために協力すべきであるという一般的義務があるのみである。IMFは，こうした加盟国の一般的義務の遵守について監督を行う。もっとも，この監督が機能しているかは疑問である。

また，IMFには為替相場の安定のために，加盟国に対して短期的融資を行う制度がある。

5. 環境の保護・保全に関する国際法の発展

(1) 環境の保護・保全に関する国際規制

1960年代以前に，国境を越えた環境問題が国際法上の問題として取り上げられたのはごく一部の分野に限られていた。環境問題についての古典的な事例として挙げられるのは，越境大気汚染を扱ったトレイル熔鉱所事件仲裁判決（1938年）と，国際河川の利用方法に関するラヌー湖事件仲裁判決（1957年）の2つの事例である。

1960年代以降，科学技術や産業の飛躍的な進展により，さまざまなか

たちでの，国境を越えた環境問題，さらには地球レベルでの環境問題が深刻な問題として解決を迫られるようになっていった。大気や河川・湖などを通じた越境汚染，原子力事故による放射能汚染，廃油などの排出や産業廃棄物の海上投棄などによる海洋汚染，気候変動，オゾン層の破壊，砂漠化，森林の減少，生物多様性（国家の管轄権の下にある生物の多様性や国家管轄権外区域の海洋生物多様性〔BBNJ〕）の減少など，実にさまざまな問題が生じている。

これらの環境問題を1国，あるいは数ヵ国によって解決できることは現在では数少なくなっている。国家のみならず，国際組織やNGOも加えて，全世界的なレベルでの協力がないと，大規模な環境破壊を防ぐことはできない。

こうしたなかで，損害発生後の救済（損害賠償など）をどのようなものとすべきかという点よりは，むしろ，現在および将来の世代のために地球環境の保全をどのようにすべきかに，力点が置かれた法が必要とされている。

環境問題については，国際法だけではなく，個々の国家の国内法によって規制されている部分も多い（国内法としての「環境法」）。それらの法が，環境の保護・保全にとっても重要な意味をもつことは間違いない。ただそれらは多様でもあり，本章では，環境の保護・保全に関する国際法（「狭義の国際環境法」）の概略について説明する。その圧倒的な部分は条約，なかでも多数国間条約である。ただし，国際会議で採択された宣言，国連総会決議などの国際文書——「ソフト・ロー」——も一定の役割を果たしている。

(2) 環境保護・保全のための諸条約

環境保護・保全に対する国際社会の対応が本格化していくのは，1972

年に国連人間環境会議が「人間環境宣言（ストックホルム宣言）」を採択してからである。1970年代以降，数多くの多数国間条約が締結されてきている。

多数国間条約では，環境の保護・保全についての一般的な規定のみからなる条約＝枠組条約を作成し，その具体的な規制の仕方や基準は付属書や議定書で定めるという方式がとられることがある。枠組条約方式と呼ばれる。総論では賛成でも，各論になると意見対立が厳しいということがあるときに，一般的な義務についてだけでもまずは枠組条約により合意してもらうのが望ましいという考えによる。

たとえば，オゾン層保護条約（1985年）とオゾン層破壊物質モントリオール議定書（1987年），国連気候変動枠組条約（地球温暖化防止条約）（1992年）と京都議定書（1997年）〔2020年までの枠組み〕やパリ協定（2015年）〔2020年以降の枠組み〕はその例である。

これ以外の主要な多数国間条約としては，生物多様性条約（1992年），ワシントン野生動植物取引規制条約（1973年），海洋汚染防止条約（1973年），南極海洋生物資源保存条約（1980年），原子力事故早期通報条約（1986年）などがある。

こうした多数国間条約は，可能なかぎりすべての関係諸国に対して同一に適用されるのが望ましい。そこで留保は条約の明文で禁止されているのが一般的である。

また，すべての締約国が条約を履行することが条約の目的達成のため不可欠であることも多いため，条約の履行確保のための特別の制度を設けている場合も多い。第1は，条約の履行状態についての締約国による定期報告とそれを審査する手続である。各条約で設置された条約機関（締約国会議〔COP〕など）が審査を行う。

第2に，遵守手続という特有の制度がいくつかの条約で採用されてい

る。細部に相違はあるが，おおむね，条約を履行できない国家が自己申告するか，あるいは，他の締約国などが申し立てて，遵守委員会，履行委員会などの特別の委員会が審査を行い，最終的に締約国会議が不遵守の認定を行う。認定とともに，事案に応じて条約を遵守するために必要な措置（資金供与なども含む）を決定する。

　この制度は，条約不履行をただちに条約違反とみなし，国家責任を追及していくという国家責任制度の方式とは異なっている。不遵守の認定はなされるが，国家責任を問うというかたちで条約の履行を促す制度ではないのである。

　こうした遵守手続とはべつに，ほとんどの環境条約では，調停や仲裁などの紛争解決手続も規定している。もっとも，実際に実施された事例はほとんどない。

6．環境の保護・保全のための基本原則

（1）環境損害防止原則

　環境保護・保全のための国際法には，国際法の他の分野にはみられない，この分野の特徴を反映した，固有の基本原則がある。環境損害防止原則，予防原則，「共通だが差異のある責任」などである。

　環境損害防止原則とは，領域使用の管理責任原則（8章参照）に内在する原則，あるいは，そこから当然に導かれる原則である。「越境環境損害防止義務」，「防止の義務」などと呼ばれることもある。

　越境環境損害を防止する一般的義務が国家にはあるという原則であり，人間環境宣言の第21原則として初めて定式化された。国家は，「自国の管轄または管理の下における活動が他国の環境または国の管轄外の地域の環境を害さないことを確保する責任」を負うという規定である。

現在では，多くの環境条約のなかにも規定されている。

　この一般的義務は「相当の注意」義務とみなされ，国家が越境環境損害を防止するために払うべき「相当の注意」が，具体的な事案ごとに判断されるとされてきた。

　近年，この点について整備されてきているのが，国家に通報義務や事前協議義務などの手続的義務を課すという手法である。国家は越境環境損害についての深刻な危険があるときには，ただちに関係国に通報しなければならないというのが，通報義務である。また，越境環境損害の恐れのある活動（たとえば，国際河川の上流国による水力発電事業）については，関係国に事前に通報し，誠実に協議しなければならないというのが，事前協議義務である。

　通報義務については，現在多くの条約で規定されている。事前協議義務については，一部の条約には規定されているものの，一般的な制度になっているとはいえない。

(2) 予防原則

　予防原則，あるいは予防的アプローチとは，深刻な，または回復しがたい，環境損害発生の恐れがあるときには，損害発生の蓋然性や損害の程度について「完全な科学的確実性」（1992年の環境と開発に関するリオ宣言第15原則）がない場合にも，そうした損害が発生しないようにするための措置をとらなければならないという原則のことである。環境問題については，科学的な因果関係が証明されていなくとも，あり得る環境損害が発生しないように，早期に対処すべきであるという考えに基づいている。

　この原則を規定する条約（生物多様性条約前文，国連気候変動枠組条約3条3項など）は増えてきている。もっとも，どの時点で，どのよう

な措置をとるべきかはかならずしも明確にはなっていない。また，この原則が慣習国際法上の原則として確立しているかについては意見が分かれている。

（3）「共通だが差異のある責任」

　この原則は，リオ宣言の第7原則として定式化された。国家は地球環境保全のために，地球的規模で共に生きる者の精神により協力しなければならない。その一方で，すべての国家は地球環境保全について共通の責任をもつものの，先進国が環境にもたらしている負荷，また，先進国の技術や財源からして，国家間には異なる責任があるとみなすべきであるという原則である。一部の条約には明文の規定が置かれている（たとえば，モントリオール議定書5条，国連気候変動枠組条約3条1項）。

　これら以外にも，「持続可能な開発[1]」，「世代間衡平の原則」，「汚染者負担の原則」などが挙げられることがある。

7．環境損害の救済

（1）国家責任法に基づく救済

　環境損害が発生したときに，その被害者（国家自身あるいは国民）は国家間の国家責任法に基づく救済を求めることがあり得る。損害を発生させた国家に対して，原状回復，金銭賠償，サティスファクション（精神的満足）などを求めることができる。国民が被害者の場合には，国籍国が外交的保護権を行使して国家責任を追及する（7章参照）。

　こうした伝統的な方式による救済はしかし，環境損害の救済としては十分に機能しないことが多い。国家責任の発生要件の1つである「国際違法行為」の成立を立証することが困難であるということがもっとも大

---

[1]　2015年9月の国連総会では「持続可能な開発のための2030アジェンダ」が採択され，「持続可能な開発目標」が定められた。

きな理由である。それは、「相当の注意」義務の範囲が明確ではないということに基づいている。また、国境を越えた原因行為と結果についての因果関係の証明は、国内の公害訴訟における場合よりも、一層困難なことが多い。

こうした状況に対処するため、条約のなかには、高度に危険な活動であるということで、無過失賠償責任を導入したものもある（1969年の油汚染損害民事賠償責任条約、1963年の原子力損害民事賠償責任ウィーン条約、1972年の宇宙損害責任条約など）。

（2）国内法上の救済

もう1つの救済の方式は、被害者個人が環境損害を発生させる活動を行った者（多くは企業）に対して、国内裁判において民事賠償責任を問うというものである。こうした民事責任を規定する条約は、1990年代以降、原子力損害や油による海洋汚染以外の分野（たとえば、有害物質海上輸送、有害廃棄物越境移動、南極など）にも及んできている。もっとも、国内裁判であることによる諸制約もあり、この方式が十分に機能しているとはいえない。

学習課題

1. WTOのような多数国間の取り決めとはべつに，二国間投資協定・自由貿易協定・経済連携協定などのような，貿易や国際投資に関する取り決めが活発に行われるようになってきている理由はなにか。
2. 環境保護・保全のための基本原則として挙げられる諸原則が，それぞれにどのように異なり，また，それぞれの原則が，国際法上の一般的な原則とどの点が異なるかについてまとめてみよう。

参考文献

国際法学会（編）『日本と国際法の100年　第6巻　開発と環境』（三省堂，2001年）
児矢野マリ『国際環境法における事前協議制度』（有信堂，2006年）
中川淳司ほか『国際経済法』（第2版，有斐閣，2012年）
松井芳郎『国際環境法の基本原則』（東信堂，2010年）
村瀬信也『国際法の経済的基礎』（有斐閣，2001年）

13 国際紛争の解決

≪学習のポイント≫ 国際紛争の解決についての法的規律は時代により大きく変化し，現在では個々の国家が戦争というかたちで紛争を解決することは認められていない（紛争の平和的解決義務）。ここでは国際紛争の伝統的な解決手段を概観する。とくに，国際司法裁判所の現状と課題を解説する。
≪キーワード≫ 自力救済，交渉，審査，周旋・仲介，調停，仲裁裁判，司法裁判，国際司法裁判所

1. 国際社会における国際紛争解決

（1） 国際紛争解決の特徴

近代国際法が国家間の関係を規律する法として完成されていった19世紀において，なによりも大きなトピックは国家間の戦争についての法的規律をどのようにするかということであった。その際の，なによりも重要な論点は，国家間紛争を解決する最後の手段として戦争を位置づけることができるかということであった。

位置づけることができるという見解をとれば，それはいわば，戦争を「決闘」とみなすことを意味した。決闘（＝戦闘）の結果勝利した国家が，自国に有利なように——法的には，自国の権利を実現するという説明がされるであろうが——紛争を終結できるということである。自国の国際法上の権利の内容を自国の実力で実現するという「自力救済（自助）」を広く容認する考えである[1]。

---

1) この点について詳しくは，柳原正治「紛争解決方式の一つとしての戦争の位置づけに関する一考察」杉原高嶺（編）『小田滋先生古稀祝賀　紛争解決の国際法』（三省堂，1997年）2-22頁。

ここに国内社会における紛争の解決手段との相違は決定的である。国内社会では紛争の最終的解決は裁判による。自力救済は特定の状況（正当防衛など）を除いて一般的に違法とされる。

　次章で説明するように，現代の国際社会では武力不行使原則が確立し，戦争はすべて国際法に違反するとみなされている。国際紛争を平和的に解決する義務が現在では確立している（国連憲章2条3項，33条など）。

　それでは，国際紛争の最終的な解決手段は，現在では，国内と同じように国際裁判なのであろうか。たしかに，現在までに国際司法裁判所のみならず，いくつもの国際裁判所が整備されてきた。しかしながら，後に詳しく説明するように，どの国際裁判所も一般的な強制管轄権をもたない。また，下された判決の執行をどのように確保するかについても，十分な体制が整備されているとはいいがたい。国内裁判所と同じ機能が果たせるような状況にはなっていないのである。

　また，国際紛争でいまひとつ留意すべきなのは，そもそも紛争の存在そのものについて関係諸国で一致がみられないことがあるという点である（領域「紛争」についてすでに説明した。8章参照）。

（2）解決手段の選択

　紛争の解決手段としての戦争が禁止された現在，紛争の解決手段にはさまざまなものがある。国連憲章には，交渉，審査，周旋・仲介，調停，仲裁裁判，司法的解決，地域的機関又は地域的取極の利用，国連安保理への付託が挙げられている（33条1項，37条1項）。

　これらのいずれの手段を選択して紛争を解決しようとするかは，関係国に委ねられている。紛争両当事国はどこかの時点で，これらのうちの特定の手段をとることに合意していなければならない。

紛争両当事国の合意は，特定の解決手段をとることを定めている条約（二国間条約と多数国間条約）の締約国となっているというかたちでも示される。たとえば，国連海洋法条約は，いくつもの紛争解決手段を定め，最終的には，国際海洋法裁判所や国際司法裁判所や仲裁裁判所などの国際裁判所による解決を規定している（第15部，附属書Ⅴ　調停，附属書Ⅶ　仲裁，附属書Ⅷ　特別仲裁）。

2．非裁判的手続

（1）外交交渉

　紛争の平和的解決手段は，非裁判的手続と裁判的手続の2つに分けることができる。前者の手段には，交渉，審査，周旋・仲介，調停がある。

　従来，紛争を法律的紛争と非法律的紛争（政治的紛争）に分類し，前者は裁判的手続，後者は非裁判的手続による解決に適しているといわれてきた。しかし，この分類の基準については意見の一致がみられず，また現実にもこうした分類で解決が行われてきているわけでもない。

　国際紛争の解決手段の基本は外交交渉であるといわれる。国内社会においても，民事事件であれば，まずは当事者間で話し合いが行われるのが一般的である。ただ，当事者間の交渉は，当事者間の力関係を如実に反映することが多い。最終的な解決手段として裁判が国内社会のような機能を果たしていない国際社会では，一層のことがあてはまる。

　そうした欠点はあるものの，主権国家同士の紛争の解決が終局的には交渉に委ねられざるをえないのは，国際社会の現状でもある。また，国際裁判所が最終的な解決案を示すのではなく，紛争当事国に誠実に交渉することを命じることもある（「交渉命令判決」）。

(2) その他の伝統的解決手段

　審査は国際紛争平和的処理条約で導入された制度である。この条約は1899年の第1回ハーグ平和会議で採択された。国際審査委員会を設置して，紛争の事実関係を明らかにし，紛争の解決を容易にしようとする制度である。もっとも，委員会の判断は紛争当事国を拘束しない。

　周旋と仲介は，第三者（国家，国際組織，国連事務総長，ローマ法王など）が介入して，当事国間での紛争解決をはかる手段である。交渉の場を提供したり，具体的な解決案を提示したりする（前者が周旋，後者が仲介）。この解決案も法的に拘束的ではない。最近でも比較的よく活用されている手段である。

　調停は，紛争当事国の合意で設置された調停委員会が，事実関係を調査・解明したうえで，具体的な紛争解決案を提示する手段である。解決案は同様に法的拘束力をもたない。紛争当事国はその解決案を受け入れなくとも，国際法違反行為を行っていることにはならない。

　二国間条約により調停委員会が設置される例は20世紀初頭からあった。1928年に採択された国際紛争平和的処理一般議定書（1949年に改正議定書が採択されている）では，調停と司法的解決や仲裁裁判との有機的結合がはかられている（締約国数は19ヵ国）。戦後の成功例としてよく挙げられるのは，1981年のヤン・マイエン大陸棚紛争である（アイスランド・ノルウェー調停委員会）。

3. 裁判的手続

(1) 仲裁裁判

　裁判的手続には，仲裁裁判と司法裁判（司法的解決）の2つの方式がある。この2つを合わせて国際裁判と呼ぶこともある。裁判的手続にお

いては，非裁判的手続とは異なり，介入する第三者（つまり裁判所）の提示する解決方法（つまり判決）が，当事者に対して法的拘束力をもつ。常設の裁判所による裁判が司法裁判であり，事件ごとに裁判所が当事国の合意に基づいて構成されるのが仲裁裁判である。裁判所が常置されているかどうかが両者の決定的な相違点である。

　仲裁裁判が国家間の紛争の解決手段として用いられたのは，1794年のジェイ条約（英米友好通商航海条約）により設置されたものが最初といわれる。そして，1872年のアラバマ号事件米英仲裁裁判所の成功もあり，仲裁裁判の利用は広まることになった。日本も，1875年，ペルーとのマリア・ルース号事件をロシア皇帝を仲裁人とする仲裁裁判で解決している。

　1899年には国際紛争平和的処理条約に基づき，常設仲裁裁判所が設置された。「常設」という名称が付されているが，裁判官の候補者名簿が常備されているにすぎない。この常設仲裁裁判所は，1921年に常設国際司法裁判所が設置されるまではかなり活用された。

　日本についても，1905年に家屋税事件がこの裁判所で裁かれた。もっとも，日本ではこの事件での敗訴のために，西洋人の裁判官を中心とする国際裁判への不信感がつのり，常設国際司法裁判所の管轄権に対する消極的態度へとつながり，「裁判嫌い」とみなされることもあった。

　常設仲裁裁判所は，手続規則を変更したことなども影響して，1980年代からまた活用されるようになってきている。本来の常設仲裁裁判所としてのみならず，事務局として事務を担当するという事例も多くなってきている（1999年エリトリア＝イエメン海洋境界画定事件，2005年鉄のライン事件，2006年バルバドス＝トリニダード・トバゴ境界画定事件など）。

　常設仲裁裁判所のほかにも仲裁裁判はいろいろなかたちで行われてい

る。英仏大陸棚事件（1977年），レインボー・ウォーリア号事件（1990年）などのように，その都度，仲裁契約が締結されて仲裁裁判所が構成される事例がある。また，先述したように，国連海洋法条約附属書Ⅶ（仲裁）に基づいて仲裁裁判所が構成される事例もある（2000年みなみまぐろ事件，2007年ガイアナ＝スリナム海洋境界画定事件，2016年フィリピン＝中華人民共和国南シナ海事件など）。

　国家間の紛争ではないが，私人と国家間の紛争，とくに投資紛争を対象とする仲裁裁判もある。

　仲裁裁判の裁判基準は仲裁契約に規定されるのが一般的である。多くの場合は国際法を基準とする。「衡平及び善」を基準とすることも排除はされない（なお，国際紛争平和的処理一般議定書28条をも参照）。

（2）司法裁判（司法的解決）

　裁判所の常設性がもっとも大きな特徴である司法裁判は，1908年の中米司法裁判所が最初の例である（1918年まで存続）。その後，普遍的な裁判所として1921年に発足したのが，常設国際司法裁判所であった。1940年までの間に，29件の事件を処理し，27の勧告的意見を与えた。

　第二次世界大戦後，この裁判所をほぼそのまま引き継いだのが，現存する国際司法裁判所である。これまでに100を越える事例を扱ってきている。

　この国際司法裁判所以外にも，国連海洋法条約の解釈適用問題から生じる紛争を扱う国際海洋法裁判所，個人の国際犯罪を裁く国際刑事裁判所などがある。さらに地域的な裁判所としては，欧州司法裁判所，欧州人権裁判所，米州人権裁判所，アフリカ人権裁判所などが活動を続けている。

　国内社会とは異なり，これらの司法裁判所には審級制度（審理の順序

関係を定めた制度）は存在しない。裁判所の解釈を最終的に統一させる仕組みは存在しない。国際司法裁判所がつねに優先するわけではないのである。たとえば，海洋に関する紛争であれば，国際海洋法裁判所と国際司法裁判所のどちらに訴えを提起してもよい。また，さきに挙げた仲裁裁判との審級制度も存在しない。仲裁裁判所で判決の出た事件が，司法裁判所に付託されるということも不可能ではない。さらにはまた，同一の事件が複数の裁判所で審理されるということもあり得なくはない。

このように裁判所が競合し，それぞれに条約の解釈について相異なる判断がなされるときに，それを調整するシステムが存在しない以上，国際法の「断片化（フラグメンテーション）」の問題（規範としての国際法の一体性が損なわれる危険）が生じる恐れがある。

4. 国際司法裁判所

(1) 構成・管轄権

現在，国際社会にはいくつかの司法裁判所が存在するが，国際法のすべての分野における紛争を扱う唯一の裁判所は国際司法裁判所である。常設国際司法裁判所が国際連盟から独立の機関として設置されたのに対して，国際司法裁判所は国連の「主要な司法機関」と位置づけられている（国連憲章92条，国際司法裁判所規程1条）。

常設国際司法裁判所を設置するにあたりもっとも議論された点は，裁判官の構成と強制管轄権の問題であった。大国からの裁判官をかならず入れるべきか，裁判を義務的なものとすべきか（ある国家が訴えたら他の国家はかならずそれに応じなければならないか）という問題である。それは国際社会の現状にあった司法裁判所をいかに構想できるかという根源的な問いであった。

裁判所の構成については若干の変遷があったが、現在では国連総会と安保理の選挙で選出された15名の裁判官で構成される。9年任期で、3年ごとに5名ずつが選出される。これまでの慣行で、安保理常任理事国5ヵ国出身の裁判官がかならず含まれることになっているし、裁判官の地理的配分（アジア3、アフリカ3、中南米2、東欧2、西欧その他5）も決まっている[2]。

　紛争当事国出身の裁判官は当該事件について出席する権利をもっている。この裁判官は「国籍裁判官」と呼ばれる。また、国籍裁判官がいない場合には、紛争当事国はあらたに当該事件を担当する裁判官を選定することができる。この裁判官は「特任裁判官」と呼ばれる。

　こうした制度は裁判の公正さという観点からすると疑わしいとの批判もある。その一方で、紛争当事国の主張をよく承知している裁判官がいることは紛争当事国にとっての安心材料であるとともに、裁判所の審理をスムーズに行うことができるようになるとの考えもある。

　常設国際司法裁判所の規程を審議した法律家諮問委員会（日本の外交官安達峰一郎も委員の1人。安達は後にアジア人初の常設国際司法裁判所長となった）では、この裁判所に強制管轄権を認める案が最終案として可決された。これは画期的な案であった。国家は他の国家の同意がなくとも裁判所に訴えを提起できることになる（むろん、原告も被告もこの裁判所の規程の締約国である必要はあるが）。

　しかしながら、国際連盟の理事会や総会ではイギリスなどの反対のため、この案が採択されることはなかった。そこで、いわば妥協の案として採択されたのが、選択条項の制度である。規程に明記される「法律的紛争」（現在の国際司法裁判所規程では36条2項）について、裁判所が強制管轄権をもつことを、規程の各締約国があらかじめ受諾する宣言を

---

[2]　2017年11月に行われた、5名の裁判官の選挙においては、イギリスの候補者が落選し、インドとレバノンの候補者が当選した。この結果、地理的配分はこの時点では、アジアが1増え、西欧その他が1減り、しかも安保理常任理事国のイギリス出身の裁判官がいないという結果になった。

しておくという制度である。裁判所が管轄権をもつのは，紛争両当事国がこうした宣言を行っている場合である。

　国際司法裁判所規程の193の締約国のうち，現在こうした受諾宣言を行っているのは73ヵ国にすぎない。約3分の1の締約国しか宣言していないことになる（安保理常任理事国ではイギリスのみ。アジアでは日本を含め6ヵ国にすぎない）。また，受諾宣言には留保が付けられることも多い。

　2010年にオーストラリアが調査捕鯨の問題で日本を提訴したのは，この受諾宣言に基づいている。

　裁判所が管轄権をもつのは，この受諾宣言の場合以外には，①紛争の発生後，当事国が合意して裁判所に当該紛争を付託する場合（「合意付託」），②一方当事国が相手国との事前の合意なしに一方的に付託し，その後相手国が裁判所の管轄権を認める場合（「応訴管轄」），③紛争の発生前に存在した裁判条約（国際紛争平和的処理一般議定書，欧州紛争平和的解決条約など）や特定の条約に含まれる裁判条項で，特定の紛争を国際司法裁判所に一方的に付託できると規定されている場合である。

（2）裁判手続

　上に説明した4つの管轄権のいずれかに基づいて裁判所に訴えが提起されると，裁判所は，訴えの内容についての審査を行う，本案審理の手続に入る。この本案手続は，申述書と答弁書，さらには抗弁書と再抗弁書の書類審査を行う書面手続と，口頭での陳述が行われる口頭手続からなる。最後に，紛争両当事国が最終的申立てを提出し，口頭手続が終了する。裁判官の評議が行われ，判決の言い渡しとなる。

　こうした本案手続とはべつに，付随手続と呼ばれる手続が存在する（国際司法裁判所規則73条～89条）。付随手続は国内法にも存在する制度

であるが，管轄権の有り様が国内裁判とは異なる司法裁判では，独特の意義をもつ。仮保全措置，先決的抗弁，第三国の訴訟参加などが主なものである。

　仮保全措置（暫定措置）とは，裁判の請求主題となっている紛争当事国の権利に回復しがたい損害が発生する恐れがあるときに，最終判決の前に，そうした権利の保全を指示する命令である（国際司法裁判所規程41条，国際司法裁判所規則73条〜78条）。国内の仮処分に近い制度である。もっとも，司法裁判所の場合には裁判所の管轄権が争われるケースが多く，仮保全措置は管轄権の存在に蓋然性が認められる場合にのみ決定できる。

　仮保全措置に法的拘束力があるかは争われてきたが，裁判所は2001年のラグラン事件で明確に肯定した。

　先決的抗弁とは，裁判所の管轄権や請求の受理可能性を争う主張である。通常被告国側が行う。管轄権に関する抗弁は，受諾宣言は当該事件には有効ではないなど，裁判所の管轄権を否認することである。請求の受理可能性の抗弁は，原告に当事者適格がないとか，原告に訴えの利益がないとか，国内的救済を完了していないとか，といった主張である。

　先決的抗弁が提出されると本案手続は停止し，抗弁の認否の審査が行われる。「管轄権・受理可能性判決」と呼ばれる裁判所の決定で（国際司法裁判所規程36条6項），抗弁が認められれば裁判はその時点で終了する。却下されれば本案手続が再開する。この判決に不服な国家は本案手続に参加しないこともあるが，欠席裁判は可能である（ニカラグア事件の際の米国の例など）。

　最後に，第三国の訴訟参加には許可方式と権利方式の2つの方式がある。前者は，当該事件の裁判によって影響を受けることのある，法律的性質の利害関係をもつ国家が，裁判所の許可を得て訴訟に参加する場合

である。多数国間条約の解釈が問題となっている場合に，当該条約の締約国はその裁判に参加する権利があるというのが，後者の権利方式である。

(3) 判決

裁判所の判決は，当事国間においてかつその特定の事件に関してのみ拘束力があり（国際司法裁判所規程59条），終審であり，上訴を許さない（同60条）とされる。判決は先例としての意味をもたないということを意味する。しかし，実際には裁判所は通常先例を尊重してきている。

判決が履行されない場合に備えて，国連憲章で履行確保の措置が規定されている。すなわち，安保理が判決の執行のために，勧告をするか，とるべき措置を決定できる（94条2項）。こうした措置が求められた例としては，1984年のニカラグア事件がある。しかし，判決の不履行で安保理に訴えられた米国は，拒否権を行使したために，安保理は何らの措置もとることができなかった。

判決の履行確保は以上のように不十分な制度にとどまっていることは疑いがない。ただし，実際には判決はごく少数の例外を除き履行されてきている。

(4) 勧告的意見

国際司法裁判所は，以上のような国家間の裁判とは別に，国際機関からの要請に基づき，あらゆる法律問題について勧告的意見を与えることができる。こうした制度は日本の国内裁判所では存在しないが，英米にはみられる。

勧告的意見は判決とは異なり，法的拘束力をもつとはみなされない。ただし，司法裁判所が慎重な審理のうえに示した法的見解は重みがあ

り，勧告的意見を要請した国際機関は従来これを比較的よく尊重してきている。

　常設国際司法裁判所の時代にも，国際司法裁判所の時代にも，この制度はかなり活用されているといえる。もっとも有名な勧告的意見の1つは，1996年の核兵器使用・威嚇の合法性事件である。

（5）国際裁判の隆盛と制約要因

　戦間期において戦争の違法化が進められていくなかで（次章参照），国際紛争を解決する方式として国際裁判にかけられた期待は大きなものがあった。戦争に代わる「万能薬」としての期待である。第2次世界大戦後も1960年代初頭ぐらいまでは，国際司法裁判所に付託され判決や勧告的意見がだされるケースはそれなりの数存在した。しかし，その後国際司法裁判所へ付託される事件はめっきり減っていった。ところが，1990年代以降，国際司法裁判所を始めとして国際裁判への期待はふたたび高まり，陸地や海洋の境界画定に関する事件など，多くの事件が国際裁判所に付託されるようになってきている。さきに記したように，20世紀初頭ぐらいから「裁判嫌い」といわれることもあった日本でも，とりわけ21世紀になってからは，国際裁判への期待は高まっているようにみられる。

　以上のように，紛争解決方式の1つとしての国際裁判の地位は揺るぎないものになったかのようにみえるかもしれない。「国際社会の裁判化」とか，「司法化」，「司法制度化」などといわれることがある。しかしながら，そこには，強制管轄権がないなど，さまざまなレベルでの問題点がなお残されているという事実を見逃してはならない[3]。

---

[3]　この点について詳しくは，柳原正治「紛争解決方式の1つとしての国際裁判──戦争との対比において」『世界法学会年報』35号（2016年）7-36頁参照。

5. 国際組織による紛争解決

　以上のような紛争の平和的解決の諸手段のうち，審査，周旋・仲介，調停にあたるような活動を国際組織が行う場合がある。国際組織がこうした活動に本格的にかかわるようになったのは，第一次世界大戦後の国際連盟と国際労働機関（ILO）が最初である。

　現在では，国際連合の安全保障理事会，総会，そして事務総長がとくに大きな役割を果たしている。そのほかにも，国際労働機関，国際民間航空機関（ICAO），世界貿易機関（WTO），地域的機関（米州機構，アラブ連盟，欧州安全保障協力機構など）などが果たしている役割も無視できない。

　国連安保理が「国際の平和及び安全の維持に関する主要な責任」を負っていること（国連憲章24条1項）は明らかである。紛争当事国は平和的手段で紛争を解決できなかったときには，その紛争の「継続が国際の平和及び安全の維持を危うくする虞のあるものについては」（国連憲章33条1項），安保理に付託しなければならない。付託された安保理はまず，その紛争の継続が国際の平和と安全の維持を危うくするおそれが実際にあるかを認定する。あると認定したときには，「適当な調整の手続又は方法」（国際司法裁判所への付託を含む）を勧告するか，適当と認める解決条件を勧告するか，どちらかの勧告を行わなければならない（国連憲章37条2項）。

　こうした勧告の採択についても常任理事国は拒否権をもっている。安保理が拒否権のために十分に機能しない場合には，総会や事務総長が紛争解決のために重要な役割を果たすこともある。

学習課題

1．紛争の存否について関係国の間で一致がない場合，紛争の存在を主張する国家にはどのような手段が国際法上許されるか。
2．現在，国際司法裁判所で係争中の事件としてはどのようなものがあるか，調べてみよう。

参考文献

奥脇直也「現代国際法と国際裁判の法機能」『法学教室』281号（2004年）
小田　滋『国際司法裁判所』（増補版，日本評論社，2011年）
田岡良一『国際法 Ⅲ』（新版，有斐閣，1973年）
玉田　大『国際裁判の判決効』（有斐閣，2012年）
森川幸一「国際紛争の平和的処理と強制的処理との関係」『世界法年報』20号（2001年）
李　禎之『国際裁判の動態』（信山社，2007年）

14 | 武力行使の規制と国際安全保障

≪学習のポイント≫ 伝統的国際法の下で認められていた戦争は，20世紀を通じて「違法化」が進められ，現在では武力不行使原則が確立している。そして，国家が個別に安全を保障するという体制ではなく，集団安全保障体制が設立された。しかし，現状はかならずしもこうした理念通りには動いていない。
≪キーワード≫ 戦争の違法化，武力不行使原則，集団安全保障，多国籍軍，国連平和維持活動

1．戦争・武力行使の規制の歴史

（1）正戦論

　古くから戦争は存在した。第1章で説明した，世界最古の「条約」といわれる禿鷹の碑は，メソポタミアの都市国家ラガシュとウンマの「戦争」がラガシュの勝利に終わったことを記念して建立されたと推定されている。

　近代ヨーロッパにおいては，近代国家が次第に確立し，国内での自力救済が基本的に禁止されていくなかで，戦争は，私人間の戦争（＝私戦）とは区別される，国家間の戦争（＝公戦）のみを指すようになっていった。

　中世から近代にかけてのヨーロッパにおいて戦争についてのもっとも重要な問題は，キリスト教の戒律との関係であった。すべての人間を愛

しなさいという戒律と，敵の財産を奪い，敵を殺す戦争とは両立するかという問題である。近代の神学者や法学者たちは，これについて，古代ギリシア以来の考えを引き継ぎ，正しい戦争と不正な戦争を区別し，正しい戦争を行うことは神の前でも罪ではないとみなした。正戦論と呼ばれる考えである。

　もっとも，正戦論にはいくつもの難問があった。正戦であるための要件，とくに戦争の正当因としてどのようなものを挙げるか（グロティウスによれば，防衛・ものの回復・刑罰の3つ），あるいは，やむをえない理由で正当因を認識できなかったときにどのように考えるか（ビトリアなどの「やむをえざる不知」の考え[1]）などといった諸問題である。さらに18世紀後半になると，現実の社会では戦争は紛争解決の一手段とみなされているのではないかといった，正戦論への根本的な疑問も提起されるようになっていった。

（2）19世紀の戦争観

　18世紀末から19世紀にかけて，従来の正戦論は維持できないという考え方が主流となっていった。その背景には，ナポレオン戦争を経て，国民軍という概念が定着していき（それまでは傭兵が一般的であった），法的人格と構成される国家が実態として存在するようになり，それにともない，主権国家から成り立つ国際社会には個々の国家に上位する権力者も権威者も存在しないことが一層明らかになっていったという状況があった。

　もっとも，19世紀の理論的状況は実はかなり混沌としており，単一の見方が支配的であったとはいえない。現在でも日本の教科書では，19世紀は「無差別戦争観」の時代とひとくくりにして説明されることが多

---

[1]　「やむをえざる不知」とは，自己の神学上の良心に照らしてみて，自己の側が正当であるとみなした交戦当事者の判断が，正義の観点からすれば誤っていたという場合を指す。この場合には，両当事者ともが正当な戦争を行っているとみなさざるをえないというのが，ビトリアの考えであった。

い。しかし，そうした説明はさまざまな問題をかかえている。

　19世紀には，正戦論の考えをなお唱える学者もいた。国際法上の自国の権利の実現をみずからが行う，自助としての戦争のみを肯定する学者もいた。あるいは，国家には自由な戦争遂行権が与えられているとみなす学者もいた。さらには，戦争の開始そのものは国際法の規律の対象外（extralegal）であると主張する学者もいた。

　このように戦争の開始についてはさまざまな見解があった。しかし，いずれの見解をとるにしても，いったん開始された戦争においては，守るべき法的ルール——当時の用語では「戦時法」——があるという考え方では一致していた。

　実定国際法についてみると，戦争の開始そのものを規制する，あるいは禁止する条約は当時存在しなかった。また，戦争の開始に関する慣習国際法も存在しているとはいえなかった。その理由の1つとして，「ヨーロッパ協調」といわれるように，すくなくともヨーロッパ内においては，19世紀は一般的には平和な世紀であったということが挙げられる。

（3）戦争の「違法化」

　第一次世界大戦はヨーロッパに大きな被害をもたらした。ヨーロッパでは「大戦」といえば，いまでもこの第一次世界大戦のことを意味することが多い。

　戦争の開始をいかに規制するかが大戦後の大きな課題であった。1919年の国際連盟規約は，12条1項，13条4項，そして15条6項により，一定の場合には戦争に訴えてはならないことを規定した。しかしながら，戦争禁止の抜け道が規約自体に内包されていたこと（たとえば，15条7項），違法に戦争に訴えた国家に対する制裁を規定した16条が有効に機能し得なかったなどのために，戦争を有効に規制することはできな

かった。

　第一次世界大戦後，とくに米国の平和運動家を中心として，戦争の「違法化（outlawry）」のための運動が繰り広げられた。この運動の影響も受けて，当初米仏間で戦争違法化のための二国間条約締結の交渉が進められた。これを全世界に拡大することで両国が合意し，1928年に不戦条約（戦争の抛棄に関する条約）が締結された（日本を含め原加盟国は15ヵ国）。

　第1条では，国際紛争の解決のために戦争に訴えることを否定し，国家の政策の手段としての戦争を放棄することが明記された。もっとも，紛争の平和的解決義務を明確に規定しているわけではないこと，自衛権が許容される範囲が明確でないこと，さらには，戦争に至らない武力行使——「事実上の戦争」——は禁止されていないこと（満州事変，日華事変などは「戦争」ではなく，「事変」であるという主張がなされた），などの欠点があった。

2．武力不行使原則

（1）武力不行使原則の歴史的意義

　不戦条約は結果として，事実上の戦争も法律上の戦争も防ぐことができなかった。その反省のうえに，第二次世界大戦後の1945年10月に締結された国際連合憲章では，「戦争」という用語をいっさい使わない規定が置かれた。すなわち，その2条4項では，「すべての加盟国は，その国際関係において，武力による威嚇又は武力の行使を，いかなる国の領土保全又は政治的独立に対するものも，また，国際連合の目的と両立しない他のいかなる方法によるものも慎まなければならない」と規定された。

これが武力不行使原則と呼ばれている原則である。現在では条約（国連憲章）上の原則にとどまらず，慣習国際法上の原則になっているという考えが一般的である。さらには強行規範とみなす考えもある。この原則そのものを正面から否定する国家は，現在の国際社会には存在しないといってもよい。

むろん，国際社会の現状をみれば，国家間の武力衝突がなくなったわけではけっしてない。20世紀は「戦争の世紀」と呼ばれることがある。それは20世紀前半だけを指すのではなく，後半の時代も含めてのことである。さらには，冷戦が終わって，21世紀になってからもなお，武力紛争が多発していることは疑いようのない事実である。

しかしなお，この武力不行使原則そのものは確立した原則であるといえる。重要なのは，この原則の内容をどのように理解するか，また，例外をどこまで認めるかという点である。

（2）武力不行使原則の内容

国連憲章2条4項が「戦争」という用語を用いずに，「武力による威嚇・武力の行使」という新しい用語を用いた意図は明確である。事実上の戦争も含む，あらゆる形態の武力を禁止しようという意図である。ただし，なお問題は残っている。「武力」，「武力の行使」，「武力による威嚇」とはなにか，「その国際関係において」という2条4項の文言は限定的な意味内容をもつのか，といった諸問題である。

「武力（force）」に，軍事力だけでなく，経済的・政治的圧力も含むとの主張が一時発展途上国を中心としてなされた。しかし，憲章の起草過程や1970年の友好関係原則宣言などからして，現在では軍事力のみを指すとみなされる。

「武力の行使」が具体的にどのような行為を指すのかも議論の対象と

なってきた。現在では「武力の行使」は「武力攻撃」（国連憲章51条）よりも広い概念とみなされている。「武力の行使」には，もっとも重大な形態の武力行使（＝武力攻撃）と，重大度の低い形態の武力行使の区別があるというとらえ方である（1986年ニカラグア事件ICJ本案判決）。前者は，たとえば，正規軍が他国領域へ侵入することなどを指し，後者は，他国の内戦において叛徒に対して武器・兵站などを支援することなどを指す。もっとも，叛徒に対する単なる資金援助は武力の行使とはみなされない。

「武力による威嚇」は，軍事措置に訴えるという最後通牒の通告，政治的圧力をかけるための軍事力の示威などが例として挙げられる。もっとも，具体的にどの程度の行為が武力による威嚇にあたるかはかならずしも明確ではない。

「その国際関係において」という限定は，一国内の内戦には武力不行使原則は適用されないことを意味する。政府が叛徒に対して行使する武力は，国際法上違法とはみなされないということである。

もっとも，第三国が内戦に介入する場合はこれとは異なる。第三国が叛徒側に支援する場合には，前述したように，武力不行使原則に抵触することがある。これに対して，正統政府側に支援する場合は，意見が分かれている。

（3）武力不行使原則の例外としての自衛権

武力不行使原則の例外として国連憲章で認められていると一般に解されているのは，自衛権（51条），国連による軍事的措置（42条），そして旧敵国に対する措置（53条1項，107条）の3つに限られる。旧敵国（ドイツや日本など，第二次世界大戦の枢軸国）の条項は現在では適用されることはない。軍事的措置については次節で説明することにし，ここで

は自衛権について説明することにしたい。

　19世紀後半から20世紀初頭にかけて，国家の基本的権利の1つである自己保存権が衰退していくなかで，その権利との関係で自衛権がどのような歴史的経過のなかで主張されるようになったととらえるかについては，現在も意見の一致がみられない。不戦条約と自衛権の関係もまた，不透明な部分が多く残されていた。

　そうした歴史的経緯も踏まえて，国連憲章51条では，個別的自衛権と集団的自衛権という2つの種類の自衛権が規定された。集団的自衛権は国連憲章で初めて明文で規定された概念である。

　国連憲章上の自衛権とは，相手国の武力攻撃に対して，反撃を行う権利である。この反撃が武力不行使原則に該当するような武力の行使・武力による威嚇を含むとしても，武力不行使原則に違反しているとはみなされない。さきに述べたような，武力攻撃に至らない，武力の行使や武力による威嚇については，自衛権の行使は認められない。国際司法裁判所は，この場合には被害国による「均衡の取れた対抗措置」のみが許されるとした。もっとも，具体的にどのような措置が可能であるのかは明確ではない。

　自衛権の行使のためには，憲章には明記されていないが，必要性と均衡性の要件もまた必要であるとみなされている。すなわち，反撃が緊急でやむをえないこと，相手国の武力攻撃と均衡が取れていることが求められる。

　国連憲章では「武力攻撃が発生した場合」と規定されているために，武力攻撃が実際に発生することが必要なのか，武力攻撃の脅威が存在する段階で自衛権を行使できるのかという問題がある。「先制自衛」の問題である。先制自衛が許されるかという点については，国家実行上も学説上も一致がみられない。

さらに，武力攻撃の主体は国家に限られるかという問題もある。9.11同時多発テロ事件に象徴されるように，テロ集団の「武力攻撃」にいかに対処できるかという問題である。国際司法裁判所は，憲章上の自衛権は「一国による他国への武力攻撃」を前提としているという解釈を示しており（2004年パレスチナの壁建設事件 ICJ 勧告的意見），テロ集団の場合を自衛権のなかに含めることは相当に難しいといえよう。

　集団的自衛権は，国連の集団安全保障に対する米州諸国の危惧から，憲章を起草していたサンフランシスコ会議で急遽導入された概念である。

　集団的自衛権の本質をどのようにとらえるかについては，3つの見解がある。①個別的自衛権を共同で行使すること，②武力攻撃を受けている他国を援助すること，③他国が武力攻撃を受けていることにより自国の死活的利益が侵害されていること，の3つである。国際司法裁判所はニカラグア事件本案判決（1986年）で，②の説をとったと解される。また同判決では，被害国による援助の要請も必要とされた。こうした判決の見解が，国家実行と一致しているかは意見の分かれるところである。

　2015年9月に成立した安全保障関連法により，日本は他国に対する武力攻撃であっても，日本の存立を脅かす状況も起こり得るようになったとの認識の下に，集団的自衛権の限定的行使は容認できるという立場をとることとなった。①日本と密接な関係にある他国に対する武力攻撃が発生し，これにより日本の存立が脅かされ，国民の生命と自由と幸福追求の権利が根底から覆される明白な危険がある場合，つまり「存立危機事態」においては，②ほかに手段がなく，③必要最小限度の実力行使にとどまるかぎりで（「武力行使の3要件」），集団的自衛権を行使できるという考えである。

（4）その他の例外

　国連憲章には明記されていないが，武力不行使原則の例外として主張されることがあるのは，相手政府の同意（たとえば，2013年1月のマリ政府の要請に基づく，フランスの武力行使），在外自国民の保護，人道的干渉などである。これらのうち，相手政府の同意は，例外として認められる場合もあり得るが，他の主張を認めることは困難である。

3．集団安全保障

（1）集団安全保障の構想

　伝統的国際法においては，国家の安全はそれぞれの国家に委ねられていた。正戦論が廃れていった19世紀には，戦争の自由な遂行権があるとみなされるにしろ，戦争の開始については国際法の規律がないとみなされるにしろ，国家はすくなくとも国際法上は（国内政治上，あるいは国際政治上は別として），自由に戦争を始めることができた。

　それに合わせて，どのような軍備を行うか，どのような国家と軍事同盟を結ぶか，あるいは，戦争当事国とならずに中立の立場を保つかも，各国家の自由であるとみなされた。「戦争の自由」，「軍備の自由」，「同盟の自由」，そして「中立の自由」という4つの自由である。そしてそこには「勢力均衡」が実現され，国際の平和が保たれ，個々の国家の安全もはかられるという考えであった。

　ヨーロッパでの勢力均衡が崩壊し第一次世界大戦が生じた後で，国際社会が取り組んだのは，一方では戦争の違法化であり，他方では，それまでの勢力均衡方式（＝個別安全保障）に代わる，集団安全保障の構想であった。

　地球上の国家を可能なかぎりすべて含む1つの集団を形成し，その内

部では相互に侵略をしないことを約束し，それに反した国家には集団の残りのすべての国家が結集してその侵略に対峙することにより，国家の安全を確保しようとするのが，集団安全保障である。

（２）国連の集団安全保障

集団安全保障は国際連盟で初めて実現した。しかし，戦争の違法化が不十分であったこと，侵略に対する制裁措置の制度が不十分であったこと，そしてなによりも米国が連盟加盟国とならなかったことなどの欠点があった。国際連盟が集団安全保障の十分な機能を果たすことはなかった。

その反省の下に作られたのが国際連合の集団安全保障である。戦争を含む武力の行使・武力による威嚇が禁止された。国連の制裁措置として，非軍事的措置と軍事的措置の２つが規定された。さらには，これらの措置の発動は，個々の国家が決定するのではなく，安全保障理事会が一元的に行うとされた。

制裁措置の仕組みは憲章の７章で以下のように規定されている。安保理はまず，平和に対する脅威，平和の破壊，それに侵略行為，これら３つのうちのいずれかが存在することを認定する（39条）。そのうえで，事態の悪化を防ぐために，即時停戦や兵力の撤退などの，暫定措置に従うように関係当事者に要請できる（40条）。そして，国際の平和・安全の維持・回復のために，勧告を行うか，非軍事的措置・軍事的措置（合わせて強制措置と呼ばれる）をとる決定，のどちらかの措置をとる（39条）。

非軍事的措置とは，禁輸措置，資産凍結，交通・通信などの停止，外交関係の断絶などである（41条）。軍事的措置は，陸・海・空軍の行動である（42条）。

以上のような憲章の仕組みは，国際連盟の欠点をすべて除去した，完璧なものであるようにみえるかもしれない。しかしながら，そこには大きな難点があった。
　1つは，安保理常任理事国の拒否権である。常任理事国（米・ロ・英・仏・中）の1ヵ国でも反対すれば，他のすべての理事国（非常任理事国10ヵ国を含めて14ヵ国）が賛成しても，決議は採択されない。また，これらの投票に紛争当事国である理事国が棄権する必要はないとみなされている。39条の認定・勧告，40条の暫定措置，強制措置の決定，いずれにも拒否権がある。
　さらに軍事的措置の前提となる陸・海・空軍――「国連軍」と呼ばれる――は，国連加盟国が安保理と締結する特別協定により加盟国から提供される部隊から構成される（43条）。国連が独自に徴兵して構成する軍隊ではない。ところが，米ソ（ロ）の対立のために，この特別協定はいままでに1つも締結されていない。
　冷戦期においても，朝鮮戦争（1950年），南ローデシア問題（1966年），フォークランド（マルビナス）紛争（1982年）などのいくつかの事例において，こうした仕組みが活用されたことはある。しかしながら，憲章で規定されているようなかたちでは機能してこなかったことは疑いのない事実である。そこで，国連としてこの事態に対応しようとして編み出されたのが，国連平和維持活動である（これについては次節で説明する）。

（3）冷戦後の国連の集団安全保障

　国連の集団安全保障に変化をもたらす契機となったのは，イラクがクウェートに侵攻し，軍事占領した事件である。安保理決議678（1990年11月29日）により，国連加盟国はこの地域の国際の平和と安全を回復す

るために，「あらゆる必要な措置」をとることを許可（授権）された。この決議に基づき，米英軍を中心とする多国籍軍は，イラクに対する軍事行動を実施した。

　この多国籍軍の軍事行動が憲章42条の軍事的措置に該当するかについては，現在でも意見は分かれている。批判されているのは，42条は43条を前提としているのではないか，軍事的措置は国連の指揮の下に行われるべきなのではないか，などの点である。擁護する見解は，平和の破壊などの認定が安保理でなされている点を重視する。また，特定の条文ではなく，国連憲章第7章全体に基づく安保理の権限が根拠であるとする見解もある。

　もっとも，その後の国連の実行では，ソマリア，ボスニア・ヘルツェゴビナ，ルワンダ，ハイチ，コンゴ民主共和国など，いくつもの事例でこうした方式がとられてきている。国連の実行としてはかなり一般的なものになってきているといえる。

4．国連平和維持活動（PKO）

（1）伝統的PKO

　国連の実行のなかで編み出された国連平和維持活動（Peace Keeping Operations．日本ではPKOと略称される）は，1956年のスエズ動乱の「第一次国連緊急軍」が初期の代表的な事例である。エジプトによるスエズ運河の国有化に端を発した動乱（イスラエル・英・仏対エジプト）において，安保理は，英仏の拒否権のため，停戦勧告決議案を採択できなかった。そうしたなかで総会は停戦を勧告する決議案を採択し，停戦の履行を確保するために国連緊急軍の設立を決定した。

　PKOは，42条の軍事的措置とは異なり，事態の悪化や拡大を防止す

るために，停戦の監視，兵力引き離し，国内治安の維持・回復，選挙監視などの活動を行う。紛争の解決そのものを直接の目的としているわけではない。大別すると，平和維持軍と軍事（停戦）監視団の2つの種類がある。いずれも参加する部隊は国連加盟国がその都度任意に派遣し，国連の直接の指揮の下に置かれる。これらの部隊は，ブルー・ヘルメットと呼ばれる。

　国連の実行のなかで積み重ねられてきたPKOには，以下のような特色がある。まず，紛争当事者がPKOの受入について同意していることを前提としている。PKOの活動は紛争当事者のどちらか一方に対する強制措置ではなく，また紛争に特別に利害関係のある国家はPKOの部隊から排除されている（安保理常任理事国の排除）。さらに，武器の使用は自衛の場合にのみ認められる。

　PKOで一番大きな問題となったのは，憲章上の根拠である。憲章のどの条文にもこの活動のことは明記されていない。現に旧ソ連やフランスなどは，PKOは憲章に違反する行為であるとして，国連分担金の支払いを一部拒絶した。

　国連は当初，憲章40条を根拠とみなしていた。しかし，今日では憲章の特定の条文に根拠を求めるのではなく，黙示的権能の法理によって説明されることが多い。憲章には明文がなくとも，国連の目的からして必要不可欠な権能としてPKOをとらえるという考えである。

　国連の実行のなかでPKOは定着してきており，現在ではその合法性について疑義を唱える国家は存在しない。

（2）冷戦後のPKO

　冷戦の終結以降，PKOには新しい任務が付与されるようになってきている。1つは，1992年に当時の国連事務総長ブトロス・ガリが示した

「平和への課題」で提唱された，新しい PKO である。憲章７章に基づく強制力の行使を認めた「平和執行部隊」が代表的なものである。ソマリア（1993年）や旧ユーゴスラビア（1993年）に派遣された。しかし，とくに米軍も参加したソマリアの PKO は，ソマリアの武装集団との直接の戦闘により，米軍を含む PKO 側に多くの死傷者を生んだ。

また，カンボジアの例のように（1992―1993年），難民の帰還促進・再定住，経済的・社会的インフラの整備などを含む，多様な任務を行う PKO も派遣されてきている。

「平和への課題」を修正する「平和への課題――補遺」（1995年），「ブラヒミ・レポート」（2000年），「国連平和維持活動――原則と指針」（キャップストーン・ドクトリン）（2008年）など，PKO の性質や任務に関する検討は続けられてきている。現在 PKO は14のミッションがあり，約11万人の要員が派遣され，実に多様な任務を果たしている（2018年6月現在）。

（３）日本の PKO 参加

日本では憲法との関係で自衛隊を PKO に派遣できるかという問題が「国際貢献」の文脈のなかで激しく争われた。1992年にようやく国連平和維持活動協力法（国際平和協力法）が制定された。当初は後方支援活動に限定されていた。しかし，2001年の法改正により，停戦監視や非武装地帯における駐留・巡回などの本体業務にも参加が可能となった。また，2015年の改正では，PKO 類似の活動（国際連携平和安全活動）にも自衛隊の派遣が認められるようになった。これについても，停戦合意の存在，日本の参加への関係者の同意，中立性の維持，部隊の撤収の可能性，武器の使用の制限という，「参加５原則」を満たすことが条件となっている。５番目の原則については，いわゆる「駆けつけ警護」が可

能となるようになった。

　これまで，カンボジア，モザンビーク，ゴラン高原，ハイチ，東チモール，南スーダンなどに派遣されてきている。

学習課題

1．「無差別戦争観」というとらえ方にはどのような問題があるか。まずは，祖川武夫の著作（参考文献に掲載してある）を読んでみよう。
2．国連憲章で想定されていた「国連軍」と，湾岸戦争などの「多国籍軍」との相違はどこにあるか。

参考文献

大沼保昭（編）『戦争と平和の法』（補正版，東信堂，1995年）
小田　滋ほか（編）『祖川武夫論文集　国際法と戦争違法化』（信山社，2004年）
「焦点　新安保法制と日本の安全保障」『国際問題』648号（2016年）
田岡良一『国際法上の自衛権』（補訂版，勁草書房，1981年）
松井芳郎『武力行使禁止原則の歴史と現状』（日本評論社，2018年）
柳原正治(編著)『不戦条約(上)(下)　国際法先例資料集（１）（２）』（信山社，1996年，1997年）

15 | 武力紛争法

≪学習のポイント≫ 武力紛争において，どのような武器を用いてよいか，捕虜をどのように扱うべきかなどについての法的規制（武力紛争法）が存在している。どのようなルールが現在存在するか，さらにはそのような状況下で，そもそも中立はあり得るかについて解説する。
≪キーワード≫ 戦時国際法と武力紛争法，戦闘の手段と方法の規制，武力紛争犠牲者の保護，中立概念

1. 戦時国際法と武力紛争法

（1）平時国際法と戦時国際法

伝統的国際法においては，国際法は通常，平時国際法と戦時国際法に二分された。たとえば，20世紀前半の日本を代表する国際法学者であった立 作太郎は，『平時国際法論』（1930年）と『戦時国際法論』（1931年）という2冊の国際法の体系書を出版している。

平時国際法とは，戦争状態が存在しない状態での国家間関係を規律する。戦争の開始の局面も平時国際法が扱う。ただし，戦争の開始は国際法の規律対象ではないという考えをとれば，平時国際法であれ戦時国際法であれ，国際法により規律されることはないことになる。

これに対して，戦時国際法とは，戦争が開始されて戦争状態となった時点から，国家間の関係を規律する法である。これはさらに，交戦国間の関係を規律する「交戦法規」と，交戦国と第三国（＝中立国）の関係

を規律する「中立法規」に分けられた。

（2）武力紛争法の成立

　平時国際法と戦時国際法という二分論は，1929年に不戦条約が発効した後もずっと維持された。立の『戦時国際法論』の改訂版は，かれの死後ではあるが，1944年に出版されている。

　この状況が変わるのは，国連憲章2条4項により，戦争を含む武力の行使・武力による威嚇が一般的に禁止されてからである。「戦争」であればすべてが国際法に違反するとみなされることになった。日常用語としては「自衛戦争」といういい方がされることがあるが，国連憲章のなかでわざわざ「戦争」という用語が用いられなかった経緯からしても，法的に厳密には自衛権に基づく武力行使，また，国連の軍事的措置としての武力行使というべきである。

　それでは，武力行使が一般的に禁止された状況では，かつての戦時国際法（交戦法規と中立法規）はすべて廃棄され，もはや適用の可能性がまったくなくなったのであろうか。

　第二次世界大戦後すぐの時代には，たしかにそのように唱えた学者が存在した。しかしながら，武力不行使原則が確立されたからといって，ただちに国際社会から武力行使がすべてなくなるわけではない。その原則に反するかたちで違法な武力行使を行う国家はかならず存在する。

　また，それに対して他の国家（群）あるいは国際連合が武力による反撃——多くの場合は，自衛権あるいは軍事的措置としての武力行使。「武力攻撃」でなければ，自衛権ではなく「均衡の取れた対抗措置」（14章参照）——が行われる場面が，当然に存在する。そうした状況に国際法の規律がまったく及ばないと考えることができるであろうか。

　1949年に採択されたジュネーヴ4条約（傷病兵保護，海上傷病兵保

護，捕虜待遇，文民保護に関する4つの条約）は，「戦争又はその他の武力紛争の場合について，当該締約国の一が戦争状態を承認するとしないとを問わず」適用されると明記した（共通2条）。

　現在では，伝統的国際法における「戦時国際法」の諸規則を基本的には引き継ぎつつ（戦時国際法と平時国際法に二分する体系そのものは崩壊した），人道的要素を以前よりは一層重視し，さらには，新しい状況についての規則も加えた，「武力紛争法」という分野が存在するとみなすのが一般的である。

　1970年代以降は，「国際人道法」という用語も，武力紛争法とほぼ同じ意味で使われるようになってきている。

（3）武力紛争法の適用

　武力紛争法は現在，あらゆる武力紛争に適用されるとみなされている。国家間の武力紛争である国際的武力紛争のみならず，内戦などのような武力紛争，つまり非国際的武力紛争にも適用される（ジュネーヴ4条約共通3条）。さらに，1977年のジュネーヴ条約第1追加議定書では，従来は内戦の一形態とみなす考えが有力であった，いわゆる民族解放戦争が国際的武力紛争とみなされている（1条4項）。

　武力紛争法の適用で，もっとも大きな問題の1つが平等適用である。すなわち，武力不行使原則に反するかたちで武力行使を行う国家にも，武力紛争法が平等に適用されるかという問題である。国際法に違反するかたちで武力行使を開始したということは，ただちに，その国家が武力紛争法に違反する行動をとったことを意味するわけではない。正規軍によって他国領域への侵入がなされることと，武力紛争法の規定に反する行為——たとえば違法な武器の使用，文民への攻撃など——が行われたかは，別の問題である。

重要なのは，こうした状況で，国際法に違反するかたちで武力行使を開始した国家に対して，他の国家（群）または国連は，武力紛争法の適用を認めるべきかという点である。武力紛争法の根底にある人道主義の考えからして，中立法規の一部を除き，平等適用すべきとする考えが今日では有力である。すなわち，合法的なかたちであれ，違法なかたちであれ，武力行使を行っている国家に対しては，武力紛争法が平等に適用され，それに違反する行為をとれば，いずれの側であっても，武力紛争法違反とみなされることになる。

2. 戦闘の手段と方法の規制

（1）ハーグ法とジュネーヴ法

　かつての戦時国際法のなかの交戦法規は，武力紛争法にも基本的には引き継がれている。これには，戦闘の手段や方法の規制と，武力紛争犠牲者の保護の2つの分野がある。前者はハーグ法，後者はジュネーヴ法と呼ばれる。

　ここにおいて考慮されるのは，軍事的必要と人道的考慮の2つの要請である。武力紛争である以上，その紛争の目的を達成するために必要な軍事的手段を用いることは許される。その一方で，人道の観点から，不必要な，人の殺傷や財産の破壊などは避けるべきである。この2つの要請のバランスをとるかたちでこの分野のルールは形成されてきた。

　このバランスのうえに，現在では2つの基本原則が存在する。1つは軍事目標主義である。文民と戦闘員の区別，民用物と軍事目標の区別を行い，後者のみを攻撃の対象にできるとする原則である。第2の原則は，過度の傷害や不必要な苦痛を与える武器の使用は禁止されるという原則である。

（2）軍縮・軍備管理との関係

　もう1つここで留意すべきなのは，軍縮・軍備管理との関係である。国際社会から武力行使をなくすためには，武力不行使原則を確立するとともに，兵器そのものを削減する，あるいは撤廃することもまた必要である。軍縮・軍備管理はまさにそのことを目的としている。

　第二次世界大戦後の軍縮・軍備管理は，国際連合（総会・軍縮委員会など）や国連の外に設置された機関（軍縮会議など）で行われてきているもののほか，米ソ（ロ）間の二国間条約として結実しているものもある。また，大量破壊兵器や通常兵器について，いくつもの多数国間条約が締結されてきている。

　兵器の規制という意味では，この軍縮・軍備管理は，以下に述べる戦闘手段の規制と重なる部分がかなりある。

（3）戦闘手段の規制

　戦闘手段である兵器の使用については，さきの2つの一般原則による規制のほか，個別の条約によりこれまでさまざまな規制が行われてきている。1899年と1907年のハーグ平和会議で採択された一連の条約，とくに陸戦法規慣例条約，その附属書である陸戦法規慣例規則（ハーグ陸戦規則と略称される。1899年に作成。1907年に改訂された）が，歴史的には画期としての意味をもっているし，現在でも重要な機能を果たしている。

　現在では，とくに大量破壊兵器をどのように規制するかが大きな問題である。生物兵器（細菌兵器）と化学兵器（毒ガスなど）については，1972年の生物毒素禁止条約と1993年の化学兵器禁止条約が，その開発・生産・貯蔵を禁止し（化学兵器禁止条約は使用の禁止も明記する），保有している武器の破棄義務も定めた。

核兵器については，核実験，保有，使用の3つを区別することが必要である。核実験については，1963年の部分的核実験禁止条約により，地下を除く地域での核実験が禁止された。さらに，1996年の包括的核実験禁止条約では，すべての核爆発実験が禁止されている。しかし，米・中・イスラエル・インド・パキスタン・北朝鮮などが批准しておらず，未発効の状態である。

　核兵器の保有については1968年の核兵器不拡散条約により，非核兵器保有国が核兵器を保有することが禁止された。この条約の作成時点での核保有国（米・ソ・英・仏・中）は引き続き保有を認められたということであり，不平等な条約であるとの批判が一部の国家から強くなされている。

　核兵器の使用については，特定の締約国間で特定の地域において禁止する条約は存在するものの（南極条約，宇宙条約，海底非核化条約，トラテロルコ条約，ラロトンガ条約など），核兵器の使用そのものを明示的に禁止する一般条約はながらく存在しなかった。しかし，2017年7月に，核兵器の開発，実験，製造，移転，使用，使用の威嚇などを禁止する核兵器禁止条約が，124ヵ国が参加した国連会議で採択された。これは，核兵器の使用または使用の威嚇を一般的に禁止したという意味で画期的な条約といえる。ただ，すべての核兵器国や核兵器を保有しているとされる国家（北朝鮮も含めて）は，核兵器を違法化するいかなる試みにも反対という立場で，交渉の会議にも参加しなかった。また，豪州，カナダ，ドイツ，イタリア，韓国，日本なども，核兵器不拡散条約を基盤とし，現実的，実践的な措置の積み重ねが必要であるとして，交渉の会議に参加しなかった。この条約の発効には50ヵ国の批准が必要であるが，かりに発効したとしても，すべての核兵器国や核兵器を保有しているとされる国家がすべてこの条約に反対であることからして，その実効

性ははなはだ疑わしいといわざるを得ない。

　使用そのものを禁止する，核保有国なども締約国となっている一般条約がなくとも，なお核兵器の使用は国際法上禁止されているといえるかという点について，学者の意見は大きく分かれている。禁止されているとする考えは，ハーグ陸戦規則23条ホの原則（不必要な苦痛の禁止），国連総会決議などに基づく慣習国際法の成立，国際人道法の諸原則や諸規則などを論拠とする。禁止されていないとする考えは，ハーグ陸戦規則は核兵器が開発される以前の条約である，また，核兵器保有国は核兵器の使用が禁止されているという明確な見解をかならずしもとっていない，などの点を根拠としている。

　1996年の国際司法裁判所の勧告的意見は，不必要な苦痛の禁止や「差別の原則」（軍事目標主義）という観点からして，核兵器使用・威嚇が核兵器の開発以前に確立していた国際人道法に一般的に違反するという立場を明確に示した。ただそれとともに，「国家の存亡そのものが危機に瀕しているような，自衛の極限的状況において，核兵器使用・威嚇が合法であるか違法であるかについて，裁判所は最終的な結論を出すことができない」と結論づけた。この部分の解釈，さらには評価は，現在でも大きく分かれている。

　特定の通常兵器の規制については，これまでにいくつもの条約が締結されてきた。比較的最近のものとしては，対人地雷禁止条約（1997年），爆発性戦争残存物議定書（特定通常兵器使用禁止制限条約議定書Ⅴ）（2003年），クラスター弾に関する条約（2008年），武器貿易条約（2013年）などがある。

（4）戦闘方法の規制

　戦闘方法の規制としては，さきに挙げた2つの基本原則の1つである

「軍事目標主義」が大きな意味をもってきた。陸軍や海軍による砲撃については，国家実行の長い積み重ねの結果，1899年および1907年のハーグ陸戦規則と，1907年の戦時海軍力を以ってする砲撃に関する条約により軍事目標主義が明確にされた。すなわち，防守都市・地域については無差別砲撃が許されるが，無防守都市・地域に対しては，軍事目標に対してのみ砲撃が認められるという規則である。

第一次世界大戦以降現実の問題となった空軍による攻撃，つまり空襲については，1922年に「空戦に関する規則」がハーグ法律家委員会により作成された。しかしながら，この空戦規則は，防守地域の範囲が厳格であり，人道的考慮のほうに重きが置かれすぎているという評価がなされ，条約として発効することはなかった。なお，広島・長崎への原爆投下行為についての，いわゆる原爆判決では，軍事目標主義が当時存在していたとして違法と判断された（東京地判昭38・12・7）。

1977年のジュネーヴ条約第1追加議定書は，防守と無防守の区別をとることなく，また，陸戦・海戦・空戦のいずれについても，軍事目標主義を明確に規定した（48条，49条3項）。

その他の，戦闘方法の規制としては，背信行為の禁止，赤十字の特別標章などの不正使用，助命拒否の禁止などがある。奇計（偽装，おとりなど）は合法とされる。

3. 武力紛争犠牲者の保護

(1) 戦闘員

武力紛争犠牲者の保護には，敵対行為（敵に対する加害行為）には直接参加しない文民の保護と，戦闘員として敵対行為に参加し，捕虜となった者・傷病兵などの保護，の2つの形態が存在する。文民，捕虜，傷

病兵などを武力紛争犠牲者（今でも戦争犠牲者と呼ばれることもある）とし，その地位に応じて異なる保護が与えられる。

この点については1864年のジュネーヴ条約以来，赤十字国際委員会が主導して，いくつかの条約が締結されてきた。代表的なのは，1949年のジュネーヴ4条約，そして1977年の第1追加議定書と第2追加議定書である。ジュネーヴ4条約の締約国は196ヵ国であり，世界のほとんどすべての国家が締約国となっている（追加議定書は，それぞれ，174，168ヵ国）。

武力紛争犠牲者の保護で重要な点は，戦闘員と非戦闘員の区別である（交戦資格の問題）。この区別については，戦争（武力紛争）の形態が多様化するにともなって，歴史的な変遷がある。

19世紀の交戦法規では，戦闘員は正規軍の構成員のみを指していた。ハーグ陸戦規則では，それ以外の，一定の条件を満たす民兵や義勇兵，さらには群民兵にも，交戦資格を認めた。

1960年代以降の民族解放闘争などを経て，文民と区別される特殊標章の着用，公然と武器を携行することなどの条件は非現実的であるとの認識が広まった。1977年の第1追加議定書では，敵対行為の性質との関係で，一定期間のみ公然と武器を携行する場合でも，交戦資格が認められるとしている（44条3項）。ゲリラをとくに想定した規定である。

（2）捕虜

国際武力紛争中に敵国により捕らえられた戦闘員が捕虜（あるいは俘虜）である。捕虜の扱いをどのようにすべきかは，近世から近代のヨーロッパの学者たち（たとえばグロティウス）の間でも盛んに議論された問題である。それはとりわけ捕虜を奴隷（戦争奴隷）にする権利があるかという問題であった。

捕虜に人道的待遇を与えるべきことを最初に規定した条約は，1899年のハーグ陸戦規則である（4条～20条）。1929年の捕虜条約を経て，現在では，1949年のジュネーヴ捕虜条約と1977年の第1追加議定書によって規律されている。

捕虜としての資格は戦闘員のみが得ることができる。ただし，スパイは捕虜となる資格がない。また，傭兵は戦闘員・捕虜となる資格を認められていない。

捕虜は，これを捕らえた個人や部隊の権力内にあるのではなく，敵国の権力内にあるとみなされる（ジュネーヴ捕虜条約12条）。中世から近世にかけて一般的であった，捕虜は捕獲した個人・部隊の所有物であるという考えを明確に否定する規定である。そして，抑留国が捕虜の人道的待遇を行う，国際法上の義務をもつことを明記していることになる。

なお，第二次世界大戦中の日本軍による捕虜虐待については，極東国際軍事裁判所や各地の軍事法廷で，BC級戦犯として裁かれた。1990年代以降，捕虜虐待などについて，被害者個人が日本の裁判所に訴える事例が数多く存在する。戦後賠償・補償問題の1つである。

(3) 文民

文民は戦闘員ではない者の総称である。戦闘員の範囲が歴史的に変遷していくなかで，文民の範囲もそれに応じて変化してきた。この文民のうち，どのような範囲の者を保護するかは，条約によって異なっている。

1949年のジュネーヴ文民保護条約は，紛争当事国の権力内にある者，または，占領国の権力内にある者で，その紛争当事国または占領国の国民でない者を「被保護者」と呼び，保護の対象とする。文民のうちの一部の者がこうした被保護者とみなされるということである。

被保護者の保護については，身体・名誉などの尊重，人道的待遇，軍

事的利用の禁止，虐待・殺戮の禁止，人質の禁止，強制労働の禁止，強制移送の禁止などが規定されている。とくに，女子については，その名誉に対する侵害から特別に保護される。

第1追加議定書では，難民や無国籍者も被保護者のなかに加えている。また，被保護者に対する保護の内容も一段と強化された。

4. 武力紛争法の履行確保

（1）履行確保の諸手段

どの条約（さらには慣習国際法）についてもその内容をいかに国家に履行させるかが問題となる。ただ，人権条約の場合には規定内容についての固有の問題があり，独自の履行確保制度があることはすでに説明した（11章参照）。武力紛争法の場合にも，特有の問題状況が存在する。

「武器のなかで法は沈黙する」というキケロの言葉にあるように，戦争の状態のなかではそもそも法は妥当しない，という考えが古来一部の学者たちによって主張されてきた。近代国際法が形成されていくなかで，戦争状態においても国際法（＝戦時国際法）が妥当することが主張され，そしてそれを遵守させるにはどのような手段を用いるべきなのかも議論されてきた。

現在でも，国際法上合法な武力行使を行っている国家にも，違法な武力行使を行っている国家にも，いかに条約を中心とする武力紛争法を履行させるかは，はなはだ重要な問題である。

履行確保の手段については，歴史的に変遷がみられる。戦時国際法が妥当していた時代には，戦時復仇，戦争犯罪の処罰，中立国の介在，損害賠償請求などがあった。

現在では，相手国の国際法違反行為に対して，他にとる手段がない場

合に，その違法行為に均衡した違反行為を行う戦時復仇は，大幅に制限されるようになってきている。ただ，現在でも，戦闘員に対する復仇が一般的に禁止されているというわけではない。

　戦争犯罪の処罰は現在も履行確保の有効な手段である。武力紛争法上の戦争犯罪として，国内裁判所で裁かれる場合と国際的な裁判所で裁かれる場合がある。ジュネーヴ4条約によれば，武力紛争犠牲者に対する故意の重大な違反行為について，各締約国は，自国裁判所で処罰するか，関係国に引き渡す義務をもつ。国際刑事裁判についてはすぐ後に説明する。

　中立国の介在については，ジュネーヴ4条約で利益保護国の制度が設けられた。利益保護国（中立国）は，4条約の適用について協力し，監視する。ただ，この制度はごく稀にしか活用されなかった。そこで，第1追加議定書では，赤十字国際委員会が利益保護国の代理を行うことを認めた。

　第1追加議定書では，国際事実調査委員会の設置を規定し，現に1991年に設置された。条約違反についての調査を行うとともに，条約を尊重する態度の回復を容易にするための斡旋を行う権限ももつ。15名の委員からなる同委員会は，最近いくつかのケースについて具体的な活動を開始している。

(2) 国際刑事裁判

　戦争犯罪の処罰については，ニュルンベルク国際軍事裁判所と極東国際軍事裁判所の前例があることはすでに述べた。また，国連国際法委員会は，1950年に「ニュルンベルク諸原則の公式化」を採択した。しかしながら，1948年のジェノサイド条約のなかに規定された国際刑事裁判所の設置は，諸国の抵抗が強く，長らく実現しなかった。

この状況が変化したのは，冷戦が終わり，地域紛争が続発するなかで，武力紛争法の重大な違反行為が多数みられたという事実による。これらに対処するために，国連安保理の決議により，憲章7章の強制措置として設置されたのが，旧ユーゴ国際刑事裁判所（1993年）とルワンダ国際刑事裁判所（1994年）である。これら2つの臨時の国際刑事裁判所では，現にいくつかの事例で訴追が行われ，判決も出されている（1998年アカイェス事件ルワンダ国際刑事裁判決，1999年タジッチ事件旧ユーゴ国際刑事裁上訴裁本案判決など）。
　こうした臨時の裁判所ではなく，常設の裁判所として設立されたのが国際刑事裁判所である。集団殺害罪，人道に対する罪，戦争犯罪，侵略犯罪の4つの犯罪を所轄する，一般的な裁判所である（この裁判所については10章参照）。

5.　中立概念

（1）伝統的な中立概念

　伝統的な戦時国際法によれば各国は「中立の自由」を有していた。国家は，戦争状態が生じた際に，戦争に参加しないという地位＝中立を選択するかどうかを自由に決定できた。中立を選択した国家，つまり中立国と交戦国の関係は，平和関係にあり，中立国は交戦国に対して，平時国際法上の権利を主張することができる（たとえば，中立国の領土保全など）。
　その一方で，交戦国同士は戦争状態であるために，その影響を受けて，中立国には，平時国際法上の義務に加えて，特別の義務が課される。避止（回避）義務，防止義務，黙認義務の3つである。
　避止義務は交戦国に戦争遂行に関する直接・間接の援助を与えてはな

らない義務であり，防止義務は自国領域が交戦国の戦争遂行のために利用されないように防止する義務である。そして黙認義務は，自国民が戦争遂行により一定の不利益を受けること（とくに戦時禁制品や戦時封鎖の制度）を黙認しなければならない義務のことである。

（2）国際連合と中立

　戦争が違法化されたことにより，中立がそもそも原理的に成り立たなくなったのではないかといわれることがある。現在の武力行使は，武力不行使原則に違反するかたちでの武力行使と，それに対抗するかたちで行われる——自衛権の行使として，あるいは，軍事的措置として——，違法ではない武力行使の二種類しか存在せず，そこには中立はあり得ないという考えである。

　とりわけ国際連合の集団安全保障の枠組みが適用されて，強制措置が発動されている状況では，国連加盟国が上記のような中立義務を果たすことは不可能であるようにみなされる。ただし，軍事的措置の場合には，43条の特別協定がないかぎり，加盟国が兵力を提供すべき義務は存在しない。

　もっとも，これ以外の場合に（39条の認定を行わない場合，認定はしたが強制措置の発動を行わない場合など）中立があり得るかについては，学説上も国家実行上も現在に至るまでかならずしも明確にはなっていない。

学習課題

1. 人類史上最初に大規模な化学兵器が使われたのは，第一次世界大戦中の，ベルギーのイーペルにおいてであったといわれる。この事実について調べてみよう。
2. 武力紛争犠牲者の保護という観点からみたとき，戦闘員と文民の区別はどのような意義をもち，なぜその定義が時代によって変化してきているのか。

参考文献

石本泰雄『中立制度の史的研究』（有斐閣，1958年）
国際法学会（編）『日本と国際法の100年　第10巻安全保障』（三省堂，2001年）
田中　忠「戦闘手段制限の外観と内実」『国際法外交雑誌』78巻3号（1979年）
藤田久一『国際人道法』（新版〔再増補版〕，有信堂，2003年）
村瀬信也・真山　全（編）『武力紛争の国際法』（東信堂，2004年）

索引

●配列は五十音順、＊は人名を示す。欧文は末尾にまとめた。

●あ 行

アジア的価値　151
安達峰一郎＊　185
アナン＊　157
アメリカ独立宣言　148
アル・シャイバーニー＊　12
安全保障関連法　199
イェリネック＊　17, 29, 65
硫黄島　109〜110
一元論　52
一般慣行　43
一般国際法　41
一般的意見　159
一般的受容の方式　56〜57
違法性阻却事由　100〜102
ヴァッテル＊　16, 65, 79
ウィーン宣言および行動計画　151
ウェストファリア条約　13, 16
ヴェンツェル＊　53
ヴォルフ＊　16
宇宙空間　131〜133
ウティ・ポッシデティス原則　115
エフェクティビテ　115
延伸大陸棚　127
応訴管轄　186
オースティン＊　28
大平三原則　40
小笠原諸島　109
沖大東島　109
沖ノ鳥島　110
オッペンハイム＊　9, 26, 65

●か 行

外交官の特権　34
外交交渉　180
外交的庇護　144
外交的保護権　93, 95〜96
外国資産の収用　167
外国人の出入国　137〜138
外国性をもつ犯罪　145
海産哺乳動物　126
解釈宣言　41
解釈の方法・技法　49
海賊　86, 145
華夷秩序　19〜20
外的自決　67
開発独裁　150
家屋税事件　182
化学兵器　211
核兵器　212〜213
核兵器禁止条約　212
核兵器不拡散条約　212
家産国家　64
過失なくして責任なし　99
割譲　110〜111
ガット　164
カノン法　14
家父長　152
神の領地　121
仮保全措置　187
管轄権　126
管轄権・受理可能性判決　187
管轄権の域外適用　87
環境損害防止原則　173〜174
勧告的意見　188〜189
監獄法施行規則　61
慣習国際法　42〜44
干渉　83〜84
関税自主権　163
関税同盟　167

関連ある事情　130
帰化　136
キケロ*　217
危険責任　97
旗国主義　88, 121
北朝鮮著作権事件　72
機能的平等　82
救済的分離　67
競合　46
強行規範　25, 47〜48, 149
強制管轄権　25, 185
強制出国　138
行政取極　40, 57, 60
共通だが差異のある責任　82, 175
拒否権　202
緊急権条項　155
緊急事態　101〜102
均衡の取れた対抗措置　198
金銭賠償　103
近代国家　64〜65
空襲　214
陸羯南（くがかつなん）*　20
クリーン・スレート（きれいな経歴）原則　73
グロティウス*　14〜16, 119, 193, 215
軍艦　123
軍事（停戦）監視団　204
軍事的措置　201
軍事目標主義　214
軍縮・軍備管理　211
クンツ*　53
群島水域　124
経済連携協定　167
形式的平等　81
形式的法源　38
刑事責任　92
決定的期日　114

決闘　178
血統主義　135
ケルゼン*　53
「権原の歴史的凝固」の理論　115
権限踰越　98
原始取得　109
原状回復　103
現状承認原則（ウティ・ポッシデティス原則）　115
憲法優位説　60
合意は拘束する　30, 38
「合意は第三者を害しも益しもしない」の原則　41
合意付託　186
公海　121〜122
抗議　115
公空　131
交渉命令判決　180
交戦法規　207
高度回遊性魚種　126
衡平及び善　183
衡平な解決　130
後法は前法を廃す　47
国外犯　87〜88, 140
国際違法行為　96〜97
国際違法行為責任　92
国際海峡　124
国際海洋法裁判所　183
国際刑事裁判　218〜219
国際刑事裁判所　146〜147, 183, 219
国際裁判　181
国際事実調査委員会　218
国際司法裁判所　184〜189
国際社会の一般的利益　25
国際商業会議所　163
国際人権規約　153〜155
国際人道法　209

国際組織　73〜75
国際組織による紛争解決　190
国際通貨基金　170
国際的手続説　74
国際復興開発銀行（世界銀行）　170
国際物品売買契約に関する国際連合条約　59
国際法上の犯罪　145
国際法典　38
国際法の間接適用　59
国際法の国内的効力　56
国際法の国内的序列　56, 59〜61
国際法の漸進的発達　39
国際法の直接適用可能性　56, 57〜59
国際法の法典化　39
国際法は国法の一部である　57
国際立法　39
国籍　135〜137
国籍継続の原則　96
国籍裁判官　185
国内管轄事項　83, 149〜150
国内的救済の原則　96
国内犯　87
国内法援用禁止の原則　54
国内法整備　62, 160
国内問題　83
国民軍　193
国民国家　16, 105, 135
国有化　168
国連海洋法条約　62
国連軍　202
国連人権高等弁務官事務所　158
国連人権理事会　158
国連難民高等弁務官事務所　142
国連平和維持活動　203〜206
個人　75〜76
個人通報制度　159

個人の国際犯罪　144〜147
個人の国際法主体性論争　74
コスモポリタン法　32
国会承認条約　40, 57, 60
国家管轄権　84〜88
国家管轄権の競合　87
国家行為　97〜99
国家財産などの承継　73
国家主権　79〜81
国家承継　72〜73
国家承認　67〜72
国家責任条文　94
国家責任阻却事由　101
国家責任の解除　102
国家通報制度　159
国家同一性の原則　70
国家の国際犯罪　94
国家の資格要件　65〜66
国家の自己拘束の理論　29
国家平等　81〜83
国家報告制度　159
国家免除　89〜90
国境紛争　112
個別的自衛権　198
婚姻・養子縁組　136

●さ　行
最恵国待遇条項　164
最大接続生産量　126
サイバー戦争　31
裁判拒否　98
裁判嫌い　189
裁判権免除　89
債務不履行責任　92
遡河性資源　126
サティスファクション　103
参加5原則　205

自衛権　197〜199
ジェイ条約　182
自衛戦争　208
支援対象者　144
ジェンティーリ＊　14
死刑存置国　141
時効　111
時際法　114
事実主義　70
事実上の戦争　195
事情変更の原則　40
事前協議義務　174
自然権　148〜149
自然法的基本権　79
持続可能な開発　175
執行管轄権　85
実効的支配　108
実効的支配の原則　70
実質的平等　82
実証主義　17
実体法基準説　74
自動執行性　58
ジハード　12
司法管轄権　85
司法裁判（司法的解決）　183〜184
私法理論の国際関係への類推適用　30
島と岩の区別　127〜128
社会あるところ法あり　23
社会規範　23
社会権　149
社会権規約選択議定書　154
社交クラブ　26, 68
シャリーア　136
『自由海論』　119
自由権　78
自由権規約選択議定書　154
重国籍者　137

周旋　181
集団安全保障　200〜203
集団的自衛権　198〜199
集団的承認　71
自由独立国家　80
自由の戦士　142
自由貿易協定　167
主権国家　65
主権的権利　126
主権平等原則　32, 81
主権免除　89
受動的属人主義　86
ジュネーヴ法　210
遵守手続　172〜173
小委員会（パネル）手続　165
承継取得　109
常設国際司法裁判所　183
常設仲裁裁判所　182
尚早の承認　71, 93
承認　115
条約難民　142〜143
条約の国家承継　73
条約の登録　42
条約優位説　60
植民地化　18
諸国家体系　13
女子差別撤廃条約　62, 156
自力救済　25, 29, 178〜179
深海底　128〜129
人権条約の履行確保制度　158〜160
人権の主流化　157
新国際経済秩序　82, 168
審査　181
真正連関理論　137
神聖ローマ帝国　67
人道的干渉　84
人道配慮　144

新難民　143〜144
清仏葛藤　21
人民の自決権　154
侵略行為　201
人類共通の敵　86
人類の共同の財産　128, 132
スアレス*　14
スィヤル　12
スコラ的正戦論　15
ストラドリング魚種　126
スパイ　216
政治犯罪人　140
正戦論　192〜193
生地主義　135
征服　111〜112
政府承認　69〜71
生物兵器　211
政府なき社会　24
正文　49
勢力均衡　13, 200
世界市民法　32
世界人権宣言　153
世界貿易機関　164〜167
世界貿易機構　164
責任帰属関係　98
セクター理論　133
接続水域　124
絶対的主権　80
絶対免除主義　89
設立文書　75
セルデン*　119
尖閣諸島　109, 117
先決的抗弁　187
宣言的効果説　68
戦時国際法　207〜209
戦時復仇　217〜218
戦時法　194

先住民　110
漸進的達成義務　154〜155
先制自衛　198
先占　109
戦争　178〜179
『戦争と平和の法』　15〜16
戦争の「違法化」　194〜195
戦争の世紀　196
選択条項　185〜186
戦闘員　214〜215
戦闘手段の規制　211
総括所見　159
創設的効果説　68
相対的主権　80〜81
相対免除主義　90
相当の注意　99, 176
遭難　101
双罰性の原則　139
属人主義　86
属地主義　85
ソフト・ロー　45, 171
存立危機事態　199

●た　行
対外主権　80
対外的国家法　80
対抗力　55
第三国の訴訟参加　187〜188
第三世代の人権　151〜152
対テロ戦争　31
対内主権　80
大陸棚　127〜128
大陸棚限界委員会　127
高橋作衛*　21
竹島　116〜117
多国籍軍　203
多数国間条約　38〜39

立 作太郎＊　207〜208
多文化世界　27
ダルマ　11〜12
地域経済統合　166
地域的人権条約　156〜157
力による支配　27
仲介　181
中間線　129
仲裁裁判　181〜183
中立概念　219〜220
中立法規　208
超記憶的占有　111
朝貢＝冊封関係　19
調整理論　53
調停　181
直線基線　122
追跡権　122
通常基線　122
通商航海条約　163, 167
通常兵器　213
ツォルン＊　52
月　132
締約国会議　172
テロ集団　199
伝統文化　150〜151
天然資源に対する永久的主権　168
添付　110
テンペラメンタ　15
等位理論　53
ドゥ・ヴィシェール＊　115
等距離線　129
投資紛争解決国際センター　169
投資保護協定　168〜169
ドーハ開発アジェンダ　167
特定海域　123
特定性の原則　139
特任裁判官　185

特別国際法　41
特別法は一般法を破る　47
ドノ＊　14
トマス・アクィナス＊　15
トリーベル＊　17, 29, 52
トルーマン＊　127

●な　行
内国民待遇条項　164
内水　123〜124
内的自決　67
ナイメーヘン講和会議　67
中鳥島　109
南極　133
難民　141〜144
二元論　52
二国間条約　38
人間環境宣言　172
ネガティブ・コンセンサス方式　166
能動的属人主義　86
ノッテボーム事件　137
ノン・ルフールマン原則　143

●は　行
ハーグ法　210
排他的経済水域　124〜127
禿鷹の碑　10〜11
発展　150
発展の権利に関する宣言　152
バルド＊　128
パルマス島事件　114
犯罪人引渡　139〜141
反射的利益　41
半主権国家　80
万能薬　189
引渡か訴追かの方式　86, 146
非軍事的措置　201

非国家主体　31, 73〜77
避止義務　219〜220
非承認主義　69
ビトリア＊　14, 193
平等適用　209
プーフェンドルフ＊　16, 65
不可抗力　101
不干渉義務　83〜84
武器のなかで法は沈黙する　217
福沢諭吉＊　20
付随手続　186〜187
不戦条約　195
不平等条約　19
普遍主義　86
普遍的義務　25, 72
普遍的定期的審査　158
不法行為責任　92
ブライアリー＊　9
ブラックストーン＊　57
フランス人権宣言　148
武力攻撃　197
武力による威嚇　197
武力の行使　196〜197
武力不行使原則　195〜200
武力紛争法　209
ブルー・ヘルメット　204
ブレトン・ウッズ体制　169〜170
分権社会　24〜25
紛争の存在　112〜113
文民　214〜217
文明・進歩・自由貿易　18
文明国　26, 65
文明国間の法　18
分離独立　66
『閉鎖海論』　119
平時国際法　207
平和　150

平和維持軍　204
平和に対する脅威　201
平和の破壊　201
平和への課題　205
ヘーゲル＊　17, 80
ベルナドッテ伯＊　75
変型の方式　56〜57
法益侵害　100
包括的核実験禁止条約　212
包括的承継説　73
防止義務　220
法的確信　43
法の一般原則　45
法の欠缺　44〜45
法の支配　27
「法の不知は恕せず」の原則　138
法の下の平等　82
法律家諮問委員会　185
補完性の原則　146
保護主義　86
保証責任　132
ボダン＊　14, 79
北極　133〜134
ホッブズ＊　65, 148
北方四島　116
捕虜　215〜216
本案手続　186

●ま　行

マキャベリ＊　14
マックス・フーバー＊　114
マリア・ルース号事件　182
マンガン団塊　128
未承認国家　69, 71〜72
南鳥島　109
民事責任　92
無害通航権　34, 120, 123

無過失責任原則　133
無過失賠償責任　176
無効化または侵害　166
無国籍者　137
無差別戦争観　193
無主地　110
無主地先占　30
陸奥宗光＊　110
黙示的権能の法理　204
黙示の合意　42
黙認　115
黙認義務　220
モンテビデオ条約　65

●や　行
やむをえざる不知　15, 193
有権的解釈権　48
ユース・ゲンティウム　14
ユトレヒト条約　13
ヨーロッパ協調　194
ヨーロッパ公法　17
横田喜三郎＊　53
4つの自由　153
予防原則　174～175

●ら　行
ラグラン事件　76
ラテンアメリカ国際法　18～19
利益保護国　218
陸地　105

立法管轄権　85
留保　40～41
領域権原　107～112
領域国家　105
領域主権　105～107
領域主権の継続的で平穏な表示　115
領域使用の管理責任原則　107
領域内庇護権　144
領域の喪失　112
領域紛争　112
領海　34, 122～123
領空　130～131
領空侵犯　131
領水　123
領土保全原則　106～107
ルーヴル美術館　10
ルソー＊　148
礼　11～12
ロック＊　148

●わ　行
枠組条約方式　172

●欧　文
BC級戦犯　216
GATS　165
NGO　77
TRIPs協定　165
WTOプラス　167

著者紹介

柳原　正治（やなぎはら・まさはる）

1952年	富山県宇奈月町（現在，黒部市）に生まれる
1981年	東京大学大学院法学政治学研究科博士課程修了（法学博士）
現在	放送大学特任栄誉教授（九州大学名誉教授）
専攻	国際法，国際法史
主な著書	『国際法先例資料集(1)(2)　不戦条約（上）（下）』（信山社，1996-1997年）
	『ヴォルフの国際法理論』（有斐閣，1998年）
	East Asian and European Perspectives on International Law（Baden-Baden : Nomos, 2004）（co-ed. with Michael Stolleis）
	『グロティウス　人と思想〔新装版〕』（清水書院，2014年）
	『プラクティス国際法講義〔第3版〕』（信山社，2017年）（共編著）
	『安達峰一郎　日本の外交官から世界の裁判官へ』（東京大学出版会，2017年）（共編著）
	『法学入門』（放送大学教育振興会，2018年）
	『国際法からみた領土と日本』（東京大学出版会，2022年）（共編著）

放送大学教材　1548492-1-1911（ラジオ）

改訂版　国際法

発　行	2019年3月20日　第1刷
	2022年7月20日　第2刷
著　者	柳原正治
発行所	一般財団法人　放送大学教育振興会
	〒105-0001　東京都港区虎ノ門1-14-1　郵政福祉琴平ビル
	電話　03（3502）2750

市販用は放送大学教材と同じ内容です。定価はカバーに表示してあります。
落丁本・乱丁本はお取り替えいたします。

Printed in Japan　ISBN978-4-595-31943-3　C1332